# la bible des
# salades

*Je dédie ce livre à ma mère et à toutes les femmes qui travaillent à l'extérieur et qui cuisinent à la bonne franquette, des plats savoureux !!!*

Louise Rivard

# la bible des
# salades

Des entrées aux desserts,
125 recettes de salades
nourrissantes et rafraîchissantes

Louise Rivard

MODUS VIVENDI

© 2006 Les Publications Modus Vivendi inc.
© des photographies

**LES PUBLICATIONS MODUS VIVENDI INC.**
55, rue Jean-Talon ouest, 2$^e$ étage
Montréal (Québec)
Canada
H2R 2W8

Design de la couverture : Marc Alain
Conception graphique et infographie : Micheline Parent
Photographie : André Noël
Révision linguistique : Guy Perreault

Dépôt légal - Bibliothèque et Archives nationales du Québec, 2006
Dépôt légal - Bibliothèque et Archives Canada, 2006

ISBN 2-89523-388-8

Nous reconnaissons l'aide financière du gouvernement du Canada par l'entremise du Programme d'aide au développement de l'industrie de l'édition (PADIÉ) pour nos activités d'édition.

Gouvernement du Québec - Programme de crédit d'impôt pour l'édition de livres - Gestion SODEC

# Table des matières

## *Bienvenue Madame Salade !*

Dans ce livre, qui se veut comme une bible en son genre, je vous propose des idées de recettes sages et originales, d'exécution rapide. Un petit survol de ces pages vous permettra de renouer avec les légumes frais et, qui sait, de réévaluer votre panier d'épicerie hebdomadaire. Il est facile d'oser une variété plus grande d'aliments pour se faire plaisir; d'essayer de nouvelles saveurs pour rompre avec la monotonie; d'apprêter différemment des légumes connus pour les rendre tous plus délicieux les uns que les autres; et de faire de bonnes combinaisons de protéines, en réalisant des plats santé en un rien de temps !

Ajouter des salades au menu est des plus bénéfiques. La valeur nutritive des laitues n'est pas négligeable : elles peuvent aider à prévenir les maladies cardio-vasculaires, car elles contiennent principalement des acides gras poly-insaturés, le fameux oméga-3, connu sous le nom d'acide linoléique (70 g par portion de 100 g de laitue).

Les salades, bien sûr, sont présentées en entrée et en plat d'accompagnement, mais aussi comme plat principal. Vous retrouverez ici des salades de pâtes, de légumineuses et même des salades de fruits parfumées.

Je ne pouvais m'empêcher de faire une escapade du côté de la cuisine internationale et d'en explorer les saveurs exotiques, toutes plus évocatrices les unes que les autres. Elles permettent de créer le « renouveau de la salade » en plat principal, et pas seulement comme accompagnement. Vous aurez ainsi tout le loisir de créer des variantes et d'arranger les vinaigrettes selon vos goûts, de faire les ajouts ou les retraits qui vous conviennent. Les sala-des « réinventées » vous offrent aussi l'occasion d'expérimenter de nouveaux produits, de plus en plus faciles à se procurer, mais surtout, de manger frais et santé.

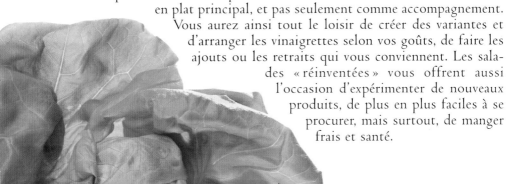

De plus, vous trouverez dans ces pages des renseignements utiles sur la conservation des laitues, les variétés offertes, qui ajoutent de la couleur à votre assiette, un chapitre expliquant le rôle des protéines à inclure à vos plats afin d'en augmenter la valeur nutritive, de l'information sur les légumineuses ainsi qu'un chapitre traitant des glucides raffinés. Des recettes de vinaigrettes, toutes naturelles, la façon de fabriquer votre mayonnaise maison et des idées pour réaliser vos propres vinaigres et huiles aromatisés sauront aussi vous intéresser.

## Pour que manger rime avec santé

Il fut un temps, pas si éloigné où... Non, je ne vais pas vous raconter une belle histoire de princesse... Pour vivre heureux et en santé, eh bien... il faut prendre soin de soi et, entre autres, faire attention à ce que l'on mange.

Faire le choix d'une meilleure alimentation est le placement le plus sûr en ce qui concerne votre santé, à court comme à long terme. Je sais, vous avez déjà connu quelqu'un qui mangeait des friandises tout le temps et qui n'a jamais eu de problèmes de santé... Cet individu devait sûrement provenir d'une autre planète, comme disait ma mère ou, selon moi, possédait un gène particulier qui n'a pas encore été identifié à ce jour !

En ce qui concerne le propos de ce livre, je vous suggère d'incorporer graduellement quelques salades à votre menu habituel, en été comme en hiver. Et puisque nous avons une très grande variété de légumes, disponibles autant à votre supermarché que chez votre marchand de légumes, pourquoi se priver ? Sans oublier l'activité physique : peu importe ce que vous mangez, il faut bouger, faire du sport et prendre l'air. On ne le répétera jamais assez !

Mon principal souhait est que vous ayez du plaisir à préparer ces plats savoureux et originaux, pour vous comme pour vos proches, et à créer de nouvelles combinaisons de légumes et de protéines. Ce livre contient des recettes remarquablement simples, d'exécution rapide, axées sur une saine alimentation. Accordez-vous aujourd'hui un peu de temps pour étudier les étalages de légumes frais chez votre épicier. Vous y puiserez sans aucun doute l'inspiration qu'il vous faut pour cuisiner l'une de nos 125 recettes, toutes plus délicieuses les unes que les autres !

# Accessoires utiles et conseils pratiques

On peut réussir la meilleure salade sans plus d'accessoires qu'il n'en faut pour préparer un plat conventionnel. Avec les instruments de cuisine de base on peut réaliser la plupart des recettes de ce livre.

Une essoreuse est l'accessoire à se procurer en priorité. Si vous devenez accro des plats à base de laitue, il s'agit d'un bon investissement. Plusieurs modèles sont maintenant munis de ventouses sécuritaires qui adhèrent à la surface de travail, ce qui facilite la tâche. Elle vous sauvera du temps. Vous utiliserez le bol d'essorage pour faire tremper les laitues avant l'essorage. Servez-vous-en pour les entreposer au réfrigérateur avant de les servir en salade. Si vous n'avez pas d'essoreuse, utilisez des linges à vaisselle propres.

Enroulez les légumes dans un linge à vaisselle après le dernier rinçage et tamponnez-les délicatement pour enlever l'excédent d'eau. Conservez votre laitue au réfrigérateur, enveloppée dans le dernier linge (le moins humide) jusqu'au moment de servir. Les laitues ne doivent pas être mouillées pour permettre à la vinaigrette d'adhérer.

Parmi les articles de cuisine indispensables, on retrouve un ensemble de trois bols de grandeur différente qui sont communément appelés « cul-de-poule ». Ils sont disponibles en verre, en acier inoxydable ou en grès. Pourquoi les préférer aux bols en plastique ?

En plus de leur versatilité, puisque vous pouvez vous en servir pour toutes vos recettes qui nécessitent le mélange d'ingrédients, leur matière

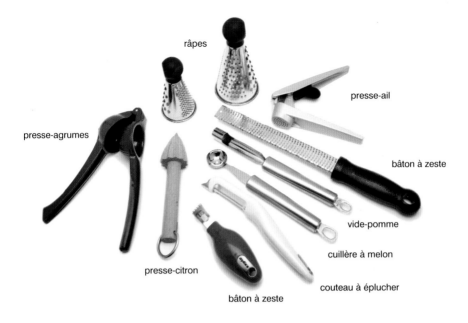

râpes

presse-ail

presse-agrumes

bâton à zeste

vide-pomme

cuillère à melon

presse-citron

bâton à zeste

couteau à éplucher

empêche l'huile ou tout corps gras de laisser une pellicule sur leur paroi. Ils sont donc plus faciles à laver.

Les instruments de base en matière de précision culinaire, les tasses à mesurer et les ensembles de cuillères graduées sont particulièrement indiqués pour réaliser la majorité des recettes des livres de cuisine.

Vous apprécierez posséder deux ou trois fouets de différentes grosseurs de bonne qualité, tout particulièrement indiqués pour émulsionner vos vinaigrettes et réaliser des mayonnaises en un rien de temps.

Si vous aimez faire des coulis, munissez-vous d'un bon tamis qui sera utilisé avec l'un de vos bols à mélanger (cul-de-poule).

Un autre article intéressant : le presse-ail. Si vous aimez cuisiner régulièrement avec de l'ail, cela vous évitera d'avoir les doigts qui embaument ! On écrasera les gousses d'ail pour répandre la saveur uniformément.

Un presse-citron en bois ou en verre pourrait devenir un « indispensable » lors de la préparation des vinaigrettes à base de citron et d'huile d'olive. Le verre a la cote parce qu'il se nettoie à merveille.

Autre trouvaille intéressante : le presse-agrumes pour la lime importée du Mexique. La lime ne se pressant pas dans le même sens que le citron, cet article le fait aisément.

Les amateurs de zeste d'agrumes ne pourront plus se passer du bâton à zeste en acier inoxydable. Il est muni d'un long manche pratique. D'un seul geste, vous récolterez facilement une grande quantité de zeste finement coupé. Le modèle régulier demeure l'un des favoris pour obtenir de belles bandes de zeste plus longues et décoratives.

Comme le couteau à trancher, la râpe rend bien des services en cuisine. C'est un des accessoires à posséder. Elle vous rendra encore service même après l'achat d'un robot culinaire, pour râper un morceau de gingembre, de la noix de muscade, etc.

L'humble couteau à éplucher peut servir à découper de fines tranches de légumes ou de fruits, comme le fait une mandoline. Idéal pour styliser les légumes accompagnant les sushis.

À cause de sa rapidité, un vide-pomme est un atout pour les amateurs de salades de fruits et pour réaliser des recettes auxquelles on ajoute des pommes ou des poires fraîches, sans risque de croquer un malheureux pépin.

Rien de tel qu'une petite cuillère à melon pour former les plus jolies petites boules de fruits ou de légumes. Elle est presque indispensable, et pas seulement les jours de fête !

Une planche à découper les légumes est préférable pour conserver une surface de travail propre, et des couteaux bien aiguisés sont toujours utiles pour réaliser de belles tranches de légumes, les couper en dés, etc.

En plus d'être joli, le hachoir en demi-lune d'inspiration italienne «mezzaluna» permet de couper aisément les fines herbes et les condiments. Il existe des modèles à une lame, mais je préfère celui à deux lames qui garde son mouvement de va-et-vient tout en demeurant stable sur la planche à découper. Vous l'adopterez. À ranger dans un endroit hors de portée des jeunes enfants.

Une mandoline permet de faire de jolies tranches fines de légumes ou de fruits. Il faut cependant être extrêmement prudent lorsqu'on utilise un modèle sans le pommeau de sécurité. La lame des mandolines étant très mince et coupante, j'en déconseille l'usage aux enfants et même aux adultes si elle n'est pas munie de l'instrument qui sert à maintenir en place le légume ou le fruit de sorte à garder les doigts loin de toute blessure.

# La laitue à travers le temps

Les origines de la laitue remontent à très loin dans l'histoire de l'humanité. Sans avoir la certitude qu'elle aurait été cultivée au temps des Égyptiens, il y a par contre la mention, dans des écrits de l'historien grec Hérodote datant de 550 av. J.-C., de trois variétés de laitues, citées par le philosophe grec Théophraste quelque deux cents ans plus tard. Certains chercheurs supposent qu'une variété sauvage communément appelée laitue vireuse, « *Lactuca serriola* », du latin *lac* (lait), du fait qu'elle contenait une substance laiteuse, serait à l'origine des centaines de variétés de laitues existantes.

La culture de cette plante potagère s'étendait dans toute la région méditerranéenne et en Asie occidentale. En ces temps reculés, on extrayait l'huile de ses graines en plus d'en consommer les feuilles. On raconte que c'est Rabelais, au 14ᵉ siècle, qui en rapporta des graines d'Italie. Mais en réalité, ce sont les papes qui l'ont cultivée les premiers en Europe, dans la région d'Avignon, d'où le nom de « Romaine ». La laitue fut longtemps consommée cuite en France, et ce n'est qu'au 18ᵉ siècle qu'elle fut apprêtée davantage en salade avec la découverte des vinaigrettes. Sa popularité n'a fait que grandir depuis.

La culture de la laitue commerciale peut être réalisée en plein champ, en serres ou sous châssis (surtout en Europe). Elle demande une terre fraîche et riche en humus. Les maraîchers doivent parer à la sécheresse avec des systèmes adéquats d'irrigation, sinon la laitue risque de monter en graine (phénomène naturel pour assurer la survie de son espèce). Une laitue ne doit jamais manquer d'eau.

Sa culture s'est particulièrement développée depuis une vingtaine d'années car elle n'a cessé d'être le légume en feuilles le plus apprécié des consommateurs. Il en existe qui diffèrent autant par leur forme, leur taille et le coloris que par leurs feuilles.

Les laitues rouges vont peut-être ravir la place des laitues vertes dans un proche avenir car leur goût est encore plus délicat (elles sont en effet plus difficiles à cultiver). Plusieurs variétés sont produites à grande échelle principalement aux États-Unis (Californie et Floride), en Angleterre et en France et, bien sûr, dans l'est du Canada. Mais l'expertise des croisements de laitues se développe avant tout en Europe. D'ailleurs, en France, plusieurs produits du terroir sont sous le contrôle d'une réglementation particulière quant à la culture des laitues. En Amérique du Nord, nous retrouvons les mélanges printaniers, dont les feuilles sont plus longues que les Mescluns européens.

On distingue trois catégories : les laitues en feuilles, les laitues pommées cultivées à maturité et une sous-catégorie, les «bébés laitues» qui, comme leur surnom le laisse entrevoir, sont récoltées et coupées à un stade «précoce». On en fait de savoureux mélanges vendus au kilo. Il y aurait probablement une «sous sous-catégorie» : les germinations, qui peuvent être incorporées aux plats de salades et mangées telles quelles. Elles ne proviennent pas de graines issues de la famille des laitues cultivées. On retrouve sur le marché des germinations de graines de radis, de tournesol, de pois mange-tout, de fèves mungo, de citrouille, d'oignon, d'ail, de clou, de soya, d'alfalfa et de blé.

La disponibilité des laitues est une chose acquise pour le consommateur qui désire manger frais toute l'année. Nous ne sommes plus limités depuis bien des années à la laitue Iceberg et à la salade de chou en hiver et à la laitue en feuilles l'été !

Évidemment, la culture en serres a permis de rallonger la disponibilité des laitues. Pensons seulement à la Boston de culture hydroponique, à la romaine et aux bonnes laitues frisées cultivées localement en Floride l'été et au Mexique l'hiver.

On aurait du mal à imaginer de longues périodes, des hivers complets par exemple, sans ces délicieuses laitues ! Et que dire des restaurateurs qui offrent 12 mois par année des salades à leur menu.

Les importations ont été très utiles pour desservir les besoins grandissants en légumes frais. De nos jours, on a le plaisir de prolonger l'été dans nos assiettes !

## Les quatre saisons de madame Laitue

Les grandes chaînes hôtelières ont souvent permis à l'industrie alimentaire de se renouveler, voire même, de se dépasser. Certains grands chefs, qui auraient volontiers demandé aux maraîchers de cultiver des légumes inconnus provenant d'une autre planète, ont créé de nouvelles tendances gastronomiques dont les consommateurs sont friands. Mais qui allait prendre la responsabilité d'amener de nouveaux produits à la portée de tous et ainsi transcender les limites saisonnières de notre climat nordique ? Le courageux maraîcher !

Certains d'entre eux ont dû chausser leurs bottes de grand explorateur et sont allés visiter les vieux pays pour nous. C'est ainsi que, par l'échange du savoir et de technologies ultra-sophistiquées, et par le biais de recherches de niveau international, fut introduit d'Europe le « Mesclun », duquel sont dérivés les mélanges actuels de « bébés laitues ». Il s'agit de jeunes pousses de laitues mélangées, qui sont effectivement cultivées en mélangeant les graines de différentes sortes de laitues.

Quantité de mélanges en sac dérivent de ce mélange européen et sont maintenant disponibles dans l'est de l'Amérique du Nord. Ils se présentent plutôt comme des laitues variées en goût et en couleurs qui ont atteint sensiblement la même taille, contrairement au type européen de laitues mélangées cueillies à différents stades de croissance.

Les producteurs maraîchers ont réussi à nous apporter des aliments de très bonne qualité qui augmentent notre qualité de vie. Ce défi quotidien, ils ont réussi à le relever tout en satisfaisant les besoins de la restauration rapide et des consommateurs exigeants que nous sommes !

Le développement des cultures de laitues en Amérique du Nord est différent de celui de l'Europe à cause des commerces à grande surface et de l'étendue des terres agricoles, qui diffèrent d'un continent à l'autre. On va même jusqu'à cultiver chez nos voisins du sud, sur les belles terres du Mexique et de Floride.

On n'imagine pas la somme de travail que représente un seul sac de laitues, de l'ensemencement jusqu'à son arrivée au rayon des légumes à l'épicerie. Cela demande une organisation bien orchestrée pour fournir la marchandise à temps, en bonne condition, selon de hauts standards de qualité et de fraîcheur. C'est pourquoi les plus entreprenants ont recherché de nouvelles manières d'offrir des produits qui correspondent davantage au genre de vie des consommateurs.

Ces jolis mélanges de laitues, cultivés et récoltés pour nous 12 mois par année, et surnommés « bébés laitues », sont offerts en différents mélanges de variétés de laitues. On retrouve dans les rangs des laitues les « bébés épinards », qui ne sont pas des laitues mais qui sont employés crus et qu'on peut trouver chez tous les épiciers ou presque. Ils sont emballés dans des sacs ou des contenants pratiques.

La conservation dans les sacs s'opère en injectant un gaz incolore et inodore, l'azote, qui fait baisser le niveau d'oxygène des jeunes pousses et qui a pour effet de ralentir leur respiration. On injecte ou non ce gaz, selon les variétés. Le sac de plastique utilisé varie lui aussi. Il possède des micro-perforations (invisibles à l'œil nu) et sa membrane est adaptée à chacun des végétaux, ce qui permet une forme d'échange gazeux optimal. Le produit peut ainsi demeurer frais 14 jours en moyenne, quand il est réfrigéré.

Ces sacs sont très appréciés, surtout pour les besoins de conservation prolongée et leur manipulation aisée. De plus en plus de consommateurs achètent de la laitue prête à manger en sac, parce qu'il se glisse bien dans le réfrigérateur. Il est très pratique à emporter pour les pique-niques. Et on peut toujours se fier à la date de péremption imprimée dessus, pour évaluer le temps de conservation dont on a besoin.

Tout concorde donc pour faciliter la vie aux amateurs de salades et revitaliser ce plat longtemps consommé en été seulement ou par obligation durant les périodes de régime amaigrissant. On n'apprête plus seulement les salades en entrée, mais comme plat principal maintenant car rien n'est plus frais !

## *Bio ou non ?*

Aux États-Unis, il y a une augmentation de la production de légumes bio, et ce, grâce aux technologies qui ont été développées. Par exemple, les Américains ont fait des progrès dans le développement de produits organiques pour contrer certains problèmes liés aux parasites, ce qui semblait impossible il y a 15 ans.

Les pratiques agricoles et l'expertise de producteurs aguerris vont dans le sens de l'évolution de l'industrie et sont devenues proactives. Il y a depuis plus d'une dizaine d'années une forme d'autodiscipline qui s'est développée et qui fait l'unanimité chez les producteurs. Le consommateur bénéficie de ces pratiques agricoles exemplaires contrôlées par des normes de salubrité élevées et constantes comme, par exemple, l'analyse des sources d'eau utilisées dans les cultures. Les producteurs maraîchers sont devenus plus vigilants : on ne pratique plus l'épandage de produits chimiques de façon préventive, comme il était encore coutume dans les années 1970-80. L'évaluation des risques est privilégiée, pour que les mesures appropriées soient mises de l'avant le moment venu. Ainsi la lutte intégrée a permis une très forte réduction des pesticides. De sorte qu'on utilise des guêpes maintenant pour éliminer les pucerons. Il s'agit d'un choix on ne peut plus naturel !

Quant à la dénomination « aliment biologique » apposée sur des produits certifiés, elle est accordée selon des critères très stricts. Mais cela n'empêche pas, au dire de producteurs expérimentés, la « dérive » de produits chimiques en provenance d'autres cultures, où des produits chimiques sont en cause dans les pratiques agricoles, sans oublier certains secteurs industriels responsables des déchets toxiques dans l'eau et l'air. Mais que signifie exactement l'expression *dérive* ?

Plus spécifiquement, les substances résiduelles amenées par les eaux souterraines et de surface. Ces substances (purin, produits chimiques, résidus de pétrole, etc.) peuvent provenir de terrains éloignés des terres agricoles. Malgré toutes les précautions imaginables, certains résidus « tombent du ciel », transportés par les pluies et la neige. Le vent est aussi un grand transporteur de produits chimiques, qui se déposent sur les feuilles par exemple. Il va de soi qu'une grande part de responsabilisation repose sur les épaules des industries, qui se débarrassent de leurs résidus chimiques en les rejetant tout simplement dans l'environnement.

## Biologiquement vôtre

Il existe différents logos certifiant que le produit est bel et bien cultivé de façon biologique. Mais en quoi consiste cette garantie ?

Il y aurait beaucoup à dire au sujet de la certification puisque, comme l'écrivait l'agronome Marcel Roy, spécialiste national en agriculture biologique au MAPAQ (ministère de l'Agriculture, des Pêcheries et de l'Alimentation du Québec) : « L'agriculture biologique est le résultat d'un mode de pensée totalement différent du mode de pensée de l'agriculture conventionnelle. » Il s'avère donc difficile de présenter un résumé de toutes ces recherches et découvertes dans un domaine où les enjeux sont devenus des préoccupations d'ordre mondial : la santé de l'homme et la préservation de l'environnement.

On peut consulter le site **www.agrireseau.qc.ca** pour connaître de façon exhaustive les fondements de l'agriculture biologique au Québec. Les normes américaines et européennes sont similaires.

Le principal objectif de l'agriculture biologique est d'optimiser la production des aliments sans nuire à l'environnement. L'agriculteur va donc utiliser des méthodes agricoles sans se servir de produits « agrochimiques ». De plus, des contrôles sont exigés, comme en agriculture traditionnelle, en ce qui concerne les risques de contamination par l'eau ou par les substances toxiques charriées par le vent. Tous les aspects relatifs aux techniques agricoles font l'objet de contrôles spécifiques pour garantir que la production correspond aux normes préétablies.

La certification permet de garantir l'authenticité des produits agroalimentaires sous appellation et leur fournit une reconnaissance sur les marchés nationaux et internationaux.

L'utilisation de logos est facultative en ce qui a trait aux produits contenant 70 % d'ingrédients d'origine biologique, mais interdite pour les produits contenant moins de 70 % d'ingrédients d'origine biologique. Comment s'y retrouver alors avec ces nouveaux logos ?

Le Conseil des appellations agroalimentaires du Québec (CAAQ) recommande aux consommateurs de rechercher la mention *certifié par* ou *certifié biologique par* suivie du nom de l'un des six certificateurs accrédités pour les produits originaires du Québec.

Voici une liste des principaux organismes accrédités par le CAAQ, qui apparaissent avec leur logo sur les produits courants :

**GARANTIEBIO-ECOCERT**
Marque de certification : GARANTIEBIO-ECOCERT

**INTERNATIONAL CERTIFICATION SERVICES**
Marque de certification : FARM VERIFIED ORGANIC, FVO

**OCIA – INTERNATIONAL**
Marque de certification : OCIA

**OCPP/PRO-CERT CANADA**
Marque de certification : OC/PRO et OCPP/PRO-CERT CANADA

**ORGANISME DE CERTIFICATION QUÉBEC VRAI**
Marque de certification : QUÉBEC VRAI et OCQV

**QAI Inc**
Marque de certification : QUALITY ASSURANCE INTERNATIONAL et QAI Inc.

# Valeurs nutritives de la laitue

On a sous-estimé la valeur nutritive de la laitue probablement parce qu'elle fut toujours associée à la majorité des diètes populaires que l'homme a pu concevoir depuis 50 ans. Cette image d'aliment « pauvre en calories » lui a fait conserver sa place au menu des restaurateurs, où elle continue d'être servie en entrée ou comme accompagnement d'un plat principal, ou comme garniture.

L'eau est l'une des composantes essentielles qui caractérisent la laitue; elle en contient plus de 90 %. Elle est pauvre en glucides (sucres) (1,3 g[1]) et donc très peu énergétique – moins de 15 kcal. Par contre, les lipides (gras) qu'elle a en petite quantité (0,5 g) sont intéressants. Ils sont principalement composés d'acides gras polyinsaturés, le fameux oméga-3, connu sous le nom d'acide linoléique. Un plat de salade de 100 g fournit 5 % de la quantité recommandée d'oméga-3 pour prévenir les maladies cardio-vasculaires.

La teneur en vitamines et minéraux est elle aussi très intéressante. La laitue contient de la vitamine E, aux qualités anti-oxydantes, en bonne quantité, soit plus ou moins 0,6 g. Une laitue fraîche aux feuilles bien vertes peut contenir jusqu'à 22 g de vitamine C (par 100 g), autant sinon plus qu'une carotte ou une tomate ! Dépourvue de vitamine B12 comme tous les légumes, on y retrouve de plus importantes quantités de vitamines B1, B2 et B9 et un peu de toutes les autres du groupe B. Mais une vitamine à considérer serait la B9, plus connue sous le nom d'acide folique. Cette vitamine contribue au bon maintien et au développement des cellules sanguines. La majorité des salades vertes en ont en bonne quantité, tout particulièrement le cresson, la laitue frisée, les épinards et le persil, qui en contiennent de 150 à 200mcg par 100 g.

Pour éviter l'anémie et les malformations chez le nouveau-né, les femmes enceintes doivent souvent en prendre en suppléments, surtout pendant le premier trimestre de la grossesse. Voilà encore une bonne note pour les plats de salades, car la vitamine B9 est souvent presque entièrement détruite à la cuisson. La laitue serait aussi riche en provitamine A que les haricots verts ou le chou, soit environ 0,4 mg.

Comme vous le constatez, la salade, c'est bien plus que de la simple verdure pour mettre de la couleur dans votre assiette. Les laitues ne sont pas dépourvues de valeurs nutritives et leur fraîcheur les rend drôlement appétissantes.

Les salades peuvent devenir vos nouveaux « prêts-à-manger ». Ces repas simples sont l'occasion d'inventer des recettes à volonté et d'utiliser à leur meilleur des huiles naturellement fraîches et bienfaisantes. Pensez-y : elles sont rapides à préparer, sans prétention et, comme les sandwichs, vous pouvez les emporter dans des contenants pratiques où que vous alliez.

---

[1] Information sur les valeurs nutritives de la laitue par 100 g.

# Choix et conservation des laitues

Recherchez des laitues d'un beau vert brillant. Évitez celles qui sont ternes et ont l'air fatigué; molles, sans corps. Elles manquent de fraîcheur et seront moins performantes.

Évitez les feuilles endommagées, brisées ou fendues. N'achetez pas des laitues qui ont des marques de « rouille », d'un brun orangé.

N'achetez pas de laitues ayant gelé : quand elles dégèlent, elles donnent l'impression d'avoir été cuites ! Ces produits sont irrécupérables et sans valeur. Elles ne devraient jamais être offertes aux consommateurs.

Regardez la date de péremption des laitues prêtes à manger imprimée sur le sac de plastique. Ces emballages spéciaux sont munis de micro-perforations qui permettent au produit de respirer et ainsi de maintenir sa fraîcheur. Elles se conservent donc plus longtemps chez l'épicier. Une fois déballées, la durée de leur fraîcheur peut varier de un à plusieurs jours, selon la variété.

Réutilisez les nouveaux types d'emballages des produits prêts à manger : il vous suffit d'enlever l'air délicatement et de refermer à l'aide d'une pince ou au moyen d'un ruban adhésif.

Testez les différents types d'emballages que vous avez sous la main : sacs plastique, contenants, sacs à zipper. Enveloppez-les d'un essuie-tout humide. Il faut parfois se prêter à quelques expérimentations pour trouver le meilleur contenant ou l'emballage qui réussira à prolonger la fraîcheur.

Demandez à votre épicier le jour de réception des différentes laitues que vous comptez acheter dans la semaine. Vous pourriez ainsi faire vos achats en conséquence et avoir une meilleure idée de la durée de la fraîcheur des produits.

Consommez vos laitues rapidement. Vous bénéficierez alors de tout l'apport nutritif qu'elles offrent.

Évitez les frustrations : prévoyez la quantité nécessaire dans l'élaboration de vos recettes, de manière à utiliser vos laitues dans les 2 à 3 jours suivant leur achat.

Apportez un minimum d'attention au soin de vos laitues : choisissez l'endroit dans votre réfrigérateur qui possède un certain degré d'humidité et d'aération. Vous aurez peut-être besoin de relire les conseils du fabricant de l'appareil à cet effet.

Prenez soin de jeter tous les produits frais périssables susceptibles d'être inutilisables au retour d'un voyage de plus de 5 jours. Cela vous évitera des désagréments.

# Les variétés de laitues

## Laitue pommée – variétés :

Boston, verte et rouge (« Rougette »). Elle est facilement reconnaissable à sa forme en fleur et à ses feuilles tendres. Elle est cultivée en serres hydroponiques et en champs.

Romaine, verte et rouge.
Il s'agit d'une laitue très ancienne. Son nom lui vient du fait qu'elle fut cultivée à Avignon, par les papes en exil, au 14$^e$ siècle. Elle a une forme cylindrique et est très appréciée car elle offre au moins 4 portions, ce qui est idéal pour une petite famille.

Laitue Iceberg.
Très populaire, cette laitue pommée est ferme et croustillante. Elle est facile à conserver.

laitue boston verte

laitue Iceberg

laitue romaine verte

laitue en feuilles verte

## Laitue en feuilles :

Nous retrouvons plusieurs variétés de laitues en feuilles dont les plus populaires sont la batavia verte et rouge et la laitue frisée verte, ainsi que les variétés foncées : lollo rosso ou jaune-verte lollo biondo, laitue feuilles de chêne rouge et verte, l'escarole régulière et frisée.

Voici une liste exhaustive des variétés de laitues entrant dans les mélanges type « printanier » qui s'apparentent au Mesclun européen et disponibles durant l'année :

**Arugula** : Cultivée et bien connue en Europe sous le nom de « roquette », cette feuille de laitue est découpée un peu comme une feuille de chêne. Elle a vraiment une petite saveur de moutarde avec une note poivrée et un goût âcre d'oignon mais sans arrière-goût.

laitue en feuilles rouge

**Bébés épinards** : Cette herbe potagère de la famille des chénopodiacées est de plus en plus utilisée seule dans la confection de salade et en mélanges. Ces petites feuilles plates ont une saveur beaucoup plus douce que les feuilles matures. Ils contiennent des vitamines A et C.

arugula

**Betterave** : Les jeunes pousses sont tendres et ajoutent une petite saveur non dédaignable de betterave à un mélange de laitues.

betterave

laitue romaine rouge

arugula

**Laitue feuilles de chêne verte et rouge :** Belles feuilles découpées à la saveur douce de noisette.

**La frisée :** Petite feuille mince et dentelée de chicorée au cœur blanc ou jaune qui possède un goût subtil de noisette avec une pointe d'amertume. Riche en vitamine B5, elle renferme aussi des vitamines A et C.

**Mâche :** Très courante en France, cette petite feuille a une saveur très douce. Elle est surtout vendue en pousses seules, et non en mélanges. Elle est une source importante de vitamines A et C.

**Mizuna :** Cette laitue nous provient du Japon. D'une saveur délicatement piquante de moutarde.

**Romaine, verte et rouge :** Feuilles croustillantes légèrement amères.

**Tango :** Cette petite feuille verte dentelée a une saveur douce.

**Tat soi :** D'origine asiatique, elle provient d'une variété de choux chinois. Cette laitue a un goût légèrement épicé qu'on retrouve dans la famille des crucifères (variété de choux). Elle se consomme crue ou cuite.

mâche

mizuna

tango

bébé épinard

tat soi

# TABLEAU DE DISPONIBILITÉ DES FRUITS ET LÉGUMES AU QUÉBEC

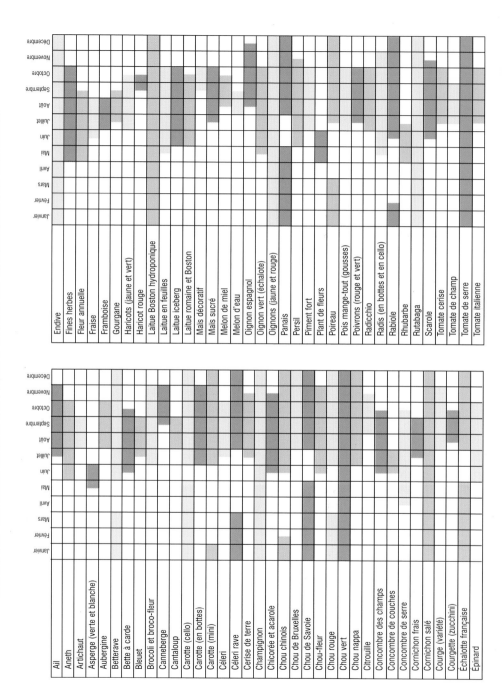

## La mayonnaise

Si vous êtes un inconditionnel des sandwichs ou des salades garnis de mayonnaise, vous avez peut-être une dent sucrée sans que vous vous en doutiez. Les saveurs acides de la plupart des vinaigrettes déplaisent à certaines personnes, en particulier aux enfants qui n'ont pas encore développé leur goût. On peut satisfaire la majorité des gens en employant de la mayonnaise pour créer des contrastes intéressants entre éléments sucrés et salés.

La grande popularité des mayonnaises de fabrication commerciale s'explique par leur saveur nettement plus sucrée que celles maison faites tout simplement d'huile végétale, d'un œuf et de moutarde. La mayonnaise est devenue l'un des ingrédients de base de plusieurs recettes de salades. Pratique, elle se conserve bien au réfrigérateur plusieurs semaines, voire plus d'un mois, parce qu'on y a ajouté du vinaigre et du sucre. Tout comme pour le ketchup et la moutarde, les contenants utiles dans lesquels elle est commercialisée font partie intégrante du paysage culinaire nord-américain. Les Européens en consomment probablement moins que les Américains. Mais faire sa propre mayonnaise est une chose très courante en France.

Outre le goût, la texture onctueuse de la mayonnaise en fait l'élément liant par excellence pour animer des mets ordinaires et leur donner de la classe. Elle relève le goût d'un simple sandwich, se prête aux fantaisies des canapés et hors-d'œuvre les plus divers. Elle demeure irremplaçable dans plusieurs recettes de salades traditionnelles.

C'est peut-être à cause de sa douceur que sont apparues des mayonnaises rehaussées de moutarde de Dijon, d'ail ou de raifort, qui ont commencé à concurrencer les huiles et vinaigrettes consommées par une clientèle habituée aux saveurs plus relevées.

Bien qu'elle fut bannie un certain temps de plusieurs régimes sans matières grasses, la mayonnaise n'a pas perdu de sa popularité. Les fabricants ont su répondre à de nouveaux besoins nutritionnels en mettant sur le marché plusieurs variétés moins riches en gras. Il ne faut pas sous-estimer cependant le sucre raffiné contenu dans la plupart des préparations commerciales. Cela ajoute des calories à un repas…

Mais n'en mettons-nous pas un peu plus généreusement parce qu'elles sont réduites en gras justement ? Abaisse-t-on alors réellement son taux de gras et les calories ? Il s'agit encore d'une question d'équilibre ici. Le secret ne réside pas seulement dans la production de versions allégées, comme en ce qui concerne l'ensemble des aliments entrant dans la composition d'une salade diète ou non.

Voici un tableau comparatif de 3 produits d'une marque réputée qui offre une mayonnaise de type traditionnelle, une mayonnaise légère et une « réduite en gras ». Ceci pourra vous éclairer dans votre choix. Vous pouvez difficilement reproduire une mayonnaise légère car, en plus d'augmenter la quantité d'eau, on y ajoute de la fécule de maïs pour épaissir et des agents liants et gélifiants. La version sans gras, quant à elle, contient des ingrédients similaires à la mayonnaise légère, mais ne comporte pas le jaune d'œuf, seulement le blanc d'œuf. Le secret réside encore dans l'ajout d'ingrédients épaississants et les agents liants pour obtenir une belle consistance. Je vous conseille de faire des tests avec les mayonnaises légère et sans gras, selon l'utilisation que vous comptez en faire. Il serait décevant de rater un plat ou de se retrouver avec un sandwich « trempé » parce que vous avez utilisé ces nouvelles versions. En effet, vous remarquerez en lisant l'étiquette que l'eau y figure comme premier ingrédient, dans les versions légère et sans gras, suivie de l'huile.

## VALEUR NUTRITIONNELLE PAR PORTION
### (une cuillère à soupe - 13 à 15 g)

LES POURCENTAGES SONT BASÉS SUR UNE DIÈTE DE 2 000 CALORIES.

| | CLASSIQUE | LÉGÈRE | RÉDUITE EN GRAS |
|---|---|---|---|
| Calories | 90 | 45 | 25 |
| Gras total | 10 g | 4,5 g | 2 g |
| Gras saturés | 1,5 g | 0,5 g | - |
| Gras polyinsaturés | 6 g | - | - |
| Gras monoinsaturés | 2,5 g | - | - |
| Gras trans | - | - | - |
| Cholestérol | 5 mg | moins de 5 mg | - |
| Sodium | 75 mg | 115 mg | 125 mg |
| Hydrates de carbone | - | 1 g | 2 g |
| Protéines | - | - | - |

Voici une recette de base pour une mayonnaise maison.

## INGRÉDIENTS :

1 à 2 jaunes d'œufs, de l'huile végétale de qualité,
environ 1 c. à t. de moutarde sèche (ou préparée style Dijon),
1 c. à t. de vinaigre (facultatif),
sel, poivre et aromates (facultatifs).

Dans un bol profond en verre ou en inox (genre cul-de-poule), mettez la moutarde et les jaunes d'œufs séparés, le sel, le poivre et les aromates, puis mélangez le tout à l'aide de votre fouet ou avec un mixeur, ou encore, servez-vous d'un robot culinaire. Mais je vous conseille le fouet pour vos premières mayonnaises.

Dans certains livres de recettes, on recommande que les ingrédients, les œufs et l'huile soient à la température de la pièce pour l'émulsion. Pour ma part, je crois qu'un mouvement de fouet rapide et régulier, tout en ajoutant l'huile au fur et à mesure, suffit pour réussir la mayonnaise et avoir le goût de cuisiner !

Battre au fouet ne demande pas nécessairement un bras vigoureux car la mayonnaise prend rapidement. Ajoutez un filet d'huile en continuant de fouetter. Ainsi, graduellement, en moins de 10 minutes, votre mayonnaise va prendre. Soyez vigilant si vous utilisez un appareil électrique, la mayonnaise risque de prendre encore plus rapidement. La mayonnaise maison est à consommer dans les 24 heures. Si on y ajoute du vinaigre ou du citron, elle se conservera plusieurs jours de plus au réfrigérateur.

Si la mayonnaise devait « tourner », c'est-à-dire que l'huile se sépare de l'émulsion, la mayonnaise étant devenue granuleuse ou liquide, on doit ajouter l'huile plus lentement. Si la mayonnaise a épaissi trop rapidement, on peut incorporer du jus de citron ou un peu de vinaigre, ou encore, un peu de bouillon. On peut raviver une vinaigrette qui a tourné en incorporant un peu d'eau et un jaune d'œuf, si la consistance était ferme avant qu'elle ne se gâte.

## Herbes et condiments suggérés

Vous pouvez parfumer votre mayonnaise avec des fines herbes ou des condiments frais, séchés ou en poudre tels que de l'aneth, du persil, du fenouil, des brins de ciboulette, des graines de céleri, du cumin, de la poudre de cari, de la poudre de wasabi, pour une saveur orientale, de l'ail, de l'oignon, de l'échalote, etc. Ces derniers devraient être de préférence finement hachés. Il est recommandé de piler l'ail préalablement avec un peu d'huile, pour ne pas risquer que la mayonnaise ait un goût trop amer quand elle est mélangée au robot culinaire ou au fouet.

## Les sauces à salades crémeuses : crème un jour, crème toujours !

Certains ne l'avoueront pas, d'autres n'en font pas de cas et plusieurs ne s'en rendent pas compte du tout : leur petit côté crème. On peut reconnaître facilement cet individu. Il se démarque par sa consommation régulière de yogourt et une nette préférence pour tous les plats en sauce et, entre autres, les bries crémeux. Les glaces lui causent parfois des problèmes de comportement… Et il sait qu'il doit se modérer pour éviter les petits ennuis de santé... Il se tourne donc du côté des versions allégées, parfois même sans gras pour un certain temps, question de retrouver l'équilibre. Alors il dit oui aux salades, mais accompagnées de sauces crémeuses, s'il vous plaît !

Il est facile de réaliser de très bonnes sauces à salades à base de yogourt ou de crème sûre. Vous trouverez ci-dessous des recettes de ce genre.

## Sauce à base de crème sûre

La crème sûre offre l'avantage d'avoir déjà un petit goût aigre qui convient bien à plusieurs plats de salades servis avec des viandes ou du poisson. La majorité des condiments (ail, ciboulette, échalote) font d'heureux mélanges. Les sauces à salades à base de crème sûre peuvent être clarifiées en ajoutant un peu de crème, du babeurre ou un peu de lait. Vous pouvez créer d'innombrables combinaisons en utilisant des réductions de légumes ou de fruits crus ou cuits pour obtenir des sauces originales. Des restes de légumes cuits, que vous combinerez au mélangeur, retrouveront ainsi une nouvelle vocation. En plus d'ajouter davantage de saveur, ils augmentent la valeur nutritive de votre sauce à salade.

## Sauce à base de yogourt

Vous connaissez probablement le tzatziki, ce délicieux mélange de yogourt, d'ail et de concombre qui nous vient de la cuisine grecque. On peut s'en inspirer et créer de délicieux mélanges nutritifs et crémeux à souhait ! Je vous suggère de couper vos légumes très finement ou encore de les réduire au mélangeur. Vous pouvez réaliser plusieurs variantes en utilisant une base de yogourt sans gras et en ajoutant les herbes de votre choix, que vous mélangez à la fourchette ou au robot culinaire. Le yogourt nature ayant déjà un petit goût acide, il n'est pas nécessaire d'y ajouter du jus de citron.

## Sauce à base de fromage

Le fromage bleu se prête bien aux sauces à salades. Il suffit de le ramollir au robot culinaire pour le rendre crémeux et d'y incorporer une base de crème liquide ou de yogourt. Ajoutez-y quelques gouttes de jus de citron ou de lime, du sel et du poivre.

Le fromage de chèvre fait d'excellentes sauces à salades. Vous l'incorporez à de l'huile végétale au goût délicat pour en préserver la saveur. Les fines herbes et les tomates séchées se marient bien aux préparations à base de fromage de chèvre. Il faut bien sûr prendre le temps de mélanger au fouet ou au mélangeur pour en faire une sauce crémeuse et homogène.

Le parmesan, ce fromage italien bien connu, entre dans la composition de la non moins célèbre salade César. Ce fameux mélange comprend, outre le fromage parmesan, une base d'huile d'olive de première pression (d'origine italienne de préférence), des anchois, un œuf cru, de la sauce Worcestershire et du vinaigre de vin blanc. Cette salade a fait l'objet de plusieurs débats quant à ses origines véritables. Certains lui prêtent des origines mexicaines, d'autres, américaines. C'est un certain Ceasar Cardini, de Californie, qui, le premier, mit sous licence sa recette originale de sauce César. Elle est vendue depuis 1948 sous son nom.

Quand l'envie nous prend de manger une bonne salade, c'est souvent le goût de la vinaigrette qui revient en mémoire. Le souvenir d'une combinaison parfaite d'ingrédients suffit à faire apprécier un plat. C'est la vinaigrette qui, souvent, fait toute la différence entre une assiette de légumes huileux sans grand intérêt et un plat mémorable dont il faut garder la recette, cette combinaison heureuse d'huile, de vinaigre et d'herbes.

D'autres préfèrent le goût crémeux de la mayonnaise. On a donc le choix entre les saveurs douces et sucrées ou plus acides, voire amères, pour relever un plat et le sortir de l'ordinaire.

En cuisine, on le sait, tout est affaire de goût et de dosage. Et c'est là que vous intervenez, que vous devenez créatif. Vous aurez d'ailleurs à apporter votre touche personnelle pour faire les ajustements qui vous conviennent avec les recettes proposées ici.

## Préparation d'une vinaigrette

Nous vous suggérons ci-dessous des proportions à utiliser pour obtenir la quantité de vinaigrette désirée. Vous êtes invité à adapter les différentes vinaigrettes selon vos goûts et préférences. Ajoutez-y plus de sel, de citron… Enfin, ne vous gênez pas pour y incorporer la quantité de tel ou tel assaisonnement supplémentaire, personnalisant du même coup votre plat. On utilise dans le mélange des condiments, des fines herbes et une huile de qualité, naturelle ou aromatisée et, selon le goût, du citron ou un type de vinaigre.

Vous avez le choix entre préparer vos propres vinaigrettes et sauces à salades, parmi les suggestions offertes dans ce livre, ou les acheter prêtes à déguster. Mais si vous avez sous la main les ingrédients de base, elles sont habituellement réalisables en peu de temps et sans agent de conservation ! Si vous aimez votre nouvelle vinaigrette, triplez les quantités pour vous en faire des réserves suffisantes. Prenez soin d'apposer la date de préparation sur le contenant et de conserver vos vinaigrettes pendant une semaine au réfrigérateur, si vous n'avez pas stérilisé le contenant.

La plupart des ingrédients d'une vinaigrette se combinent très facilement à la fourchette ou à l'aide d'un mini-fouet en acier inoxydable, ou encore, à l'aide d'un mélangeur pour les plus grandes quantités. Mais ne vous gênez pas pour y goûter avec vos doigts – on est jamais aussi confortable que dans sa cuisine – avant et après l'ajout d'un ingrédient, pour que le mélange soit impeccablement bon !

Pour éviter que l'huile et le vinaigre ne se séparent et « n'habillent » pas convenablement la laitue, il faut faire une émulsion en premier, en combinant les ingrédients choisis et en les fouettant, en ajoutant l'huile peu à peu pour que le tout soit bien amalgamé. En opérant ainsi, les éléments qui d'ordinaire se séparent, comme le vinaigre et l'huile, se retrouvent temporairement liés et bien combinés avec les épices et les aromates. L'ajout de coulis de légumes, d'oignons caramélisés, de pâte d'anchois, d'olives, de tomates séchées et de poivrons grillés rend les vinaigrettes plus consistantes et plus stables.

Voici les quantités d'huile et de vinaigre faciles à mémoriser pour vos futures recettes, que vous pourrez adapter selon vos goûts :

> 3 parts d'huile pour 1 part de vinaigre (ou de citron)
> 3 parts d'huile pour 2 parts de vinaigre
> 2 parts d'huile pour 1 part de vinaigre
> 1 part d'huile pour 1 part de vinaigre

Il est suggéré de couper la part de vinaigre et de la remplacer par du jus de citron frais ou de limette. Dans les recettes de ce livre, une part d'huile pour 2 personnes correspond à environ 1 cuillère à soupe. Mais, évidemment, tout dépend de la quantité de laitue et des autres ingrédients composant la salade. Vous pouvez facilement doubler, voire tripler les recettes à volonté.

Ou encore, préparez un mélange de base en plus grande quantité, pour vous constituer une petite réserve que vous conserverez au réfrigérateur. C'est encore plus facile ! Prenez une tasse à mesurer, versez-y 3/4 de tasse d'huile, par exemple dans la proportion 3/1, et complétez avec 1/4 de tasse de vinaigre, et ajoutez les épices et condiments au mélange de base lorsque vous en aurez besoin.

Comment choisir la proportion qui convient bien à une recette ? Lorsque vous aurez expérimenté la proportion qui vous convient, retenez-la et prenez-la en note s'il le faut. Rien de tel que l'expérimentation pour en apprendre davantage.

Faites un mélange moitié huile de noix (ou avec une huile neutre, genre huile de soya ou de maïs) et moitié huile d'olive, pour adoucir le goût prononcé d'une huile d'olive première pression, si vous ou vos invités n'y êtes pas habitués ou si les ingrédients composant la salade auraient avantage à ne pas être masqués par la saveur de l'olive.

On adoucit le goût de l'huile de sésame avec une plus grande quantité d'une autre huile de noix plus douce. Les proportions seraient alors 1/2 part d'huile de sésame pour 2 1/2 parts d'une autre huile. Allez-y avec parcimonie avec l'huile de sésame car elle est vraiment envahissante. Je vous suggère même d'en verser au compte-gouttes, pour ne pas rater votre vinaigrette !

N'oubliez surtout pas de rectifier l'assaisonnement. Il s'agit tout simplement d'ajouter du sel et une note piquante avec du poivre à votre goût. On peut utiliser du sel plus ou moins fin, ce qui créera un élément gustatif additionnel.

Le poivre peut être moulu en différentes moutures et ainsi rehausser plus ou moins fortement les composantes de la salade. Découvrez les poivres exotiques en vente chez les marchands de produits en vrac et les boutiques spécialisées. Ils peuvent à eux seuls changer un plat par leur saveur riche et différente.

## *Le choix du bon vinaigre*

Le vinaigre, qui a été découvert quelque 5000 ans avant notre ère, est apparu suite à l'altération du vin par l'air et la chaleur. Il fut rapidement utilisé par les Romains pour conserver les aliments et dans certains usages thérapeutiques. Il fut donc produit de façon artisanale pendant des siècles jusqu'en 1862, année où Pasteur en découvrit les principes ainsi que la bactérie responsable de la transformation du vin en acide acétique, le vinaigre.

Le vinaigre est encore utilisé dans notre civilisation moderne pour conserver les aliments et faire des marinades. Et pour nous, il est un élément clé dans l'élaboration des vinaigrettes. On peut utiliser toutes sortes d'aliments pour en faire du vinaigre : de la noix de coco, de la canne à sucre, des agrumes, en autant qu'une fermentation alcoolique se produise. Les vinaigres les plus répandus sont issus du vin, du riz, du malt et du cidre de pommes.

## SUGGESTION

Utiliser des agrumes tels que le citron dans les vinaigrettes, c'est joindre l'utile à l'agréable. Tout d'abord, le citron possède des qualités incontestables. Ce fruit est une panacée. Il est riche en vitamines A, B et C, en chaux alcaline (qui plus est, plus digeste que le vinaigre, ce qui en fait un allié pour les estomacs fragiles), en minéraux tels que le potassium et le fer et en acides citriques. Il est donc hautement recommandé pour les vinaigrettes.

Les vinaigres portant la mention « à l'ancienne », produits de façon artisanale, sont plus doux et moins aigres que leurs semblables de production commerciale. Plusieurs sont biologiques. Vous êtes donc assuré d'en trouver un à votre goût parmi ceux-ci.

## Vinaigre balsamique

Le très populaire vinaigre balsamique est produit à partir du moût de raisins blancs, c'est-à-dire, à partir du jus et de la pulpe du raisin. Il n'est donc pas élaboré à partir d'un alcool, comme les autres vinaigres. On le laisse vieillir 4 à 5 ans dans des fûts de bois. Un vieux vinaigre peut avoir 10 ans, et même jusqu'à 40 ans. De couleur foncée, il sera beaucoup moins acide. Lorsqu'on compare le goût d'un vinaigre de fabrication industrielle avec celui d'un vinaigre de production artisanale, on comprend aisément la différence de coût. Il s'agit d'un ingrédient très apprécié en nouvelle cuisine, dans les préparations salées ou sucrées qu'il met en valeur par la richesse de ses parfums.

Le vinaigre balsamique blanc n'est pas considéré comme un vinaigre mais comme un « condiment » à cause de son degré d'acidité inférieur à 6 %. Produit avec les mêmes moûts de raisin que le vinaigre balsamique régulier, il n'est pas vieilli cependant. On le filtre pour obtenir un liquide cristallin.

## Vinaigre de cidre

Plus corsé que le vinaigre régulier, il est produit à partir du cidre. À cause de sont goût prononcé, on l'utilisera en moins grande quantité dans une vinaigrette. On le mélangera avec du citron ou avec un autre vinaigre plus doux. Il a d'ailleurs avantage à être aromatisé avec une herbe. Il sera alors utile en cuisine pour la conservation des aliments et dans les marinades car, de plus, il possède des vertus curatives. Qui plus est, les vinaigres de cidre biologiques sont faciles à se procurer.

## Vinaigre de vin

Toujours très populaire, il est bien sûr obtenu par la fermentation du vin. On en trouve du blanc et du rouge. Le vinaigre blanc est davantage utilisé en cuisine car il n'altère pas la couleur des aliments. On l'emploie avec le poisson, les fruits de mer et les crustacés. Le rouge est intéressant à utiliser dans les marinades de viandes rouges, avec les abats et les vinaigrettes. Le vinaigre de vin blanc est recommandé pour la fabrication des vinaigres maison aromatisés.

## Vinaigre de riz

Aliment de base de la cuisine orientale, il est produit à partir de l'alcool de riz. La technique de production est similaire à celle du vinaigre de vin. Au Japon, on retrouve des vinaigres doux et des vinaigres chinois, un peu plus piquants, disponibles en différentes variétés selon qu'ils ont été produits avec du riz blanc, rouge ou noir. Le vinaigre de riz est un excellent ingrédient pour mariner les légumes, les viandes et les fruits de mer. Pour ces usages, le vinaigre à sushis est souvent employé car il renferme du sucre et des épices pour l'adoucir.

## Vinaigre de malt

Ce vinaigre d'origine britannique est obtenu par la fermentation de céréales d'orge. Il est de couleur claire mais il arrive qu'on le colore avec du sucre caramélisé. À cause de son goût fort et plus âcre, son utilisation est limitée aux moutardes et aux marinades. On s'en sert également dans les recettes de chutney.

## Vinaigre de xérès (sherry)

Comme son nom l'indique, ce vinaigre est élaboré à partir d'un vin blanc typiquement espagnol, le xérès, de la région de Jerez en Andalousie. Son arôme boisé est obtenu par son vieillissement dans des fûts de chêne. On l'utilise surtout pour mariner les viandes car son goût est prononcé. Il est intéressant en vinaigrette quand on l'adoucit avec un autre vinaigre aromatisé, du vinaigre de vin blanc lié avec de l'huile de noisette, par exemple.

## *Comment se procurer des vinaigres de qualité ?*

Il est surprenant de constater la facilité avec laquelle on peut trouver des vinaigres de grande qualité près de chez soi. Il n'y a qu'à visiter les marchands d'aliments naturels et les sections santé et produits bio des supermarchés. Dans les marchés publics, on trouve souvent une épicerie spécialisée où l'on peut se procurer des marques particulières. Une petite recherche sur Internet permet de découvrir des importateurs spécialisés qui fournissent des vinaigres et des huiles de très bonne qualité et parfois assez rares.

# Comment faire soi-même son vinaigre aromatisé

Rien de plus facile que de réaliser son propre vinaigre aromatisé chez soi. Il s'offre bien en cadeau. Cela vous donnera l'occasion de faire valoir vos talents artistiques pour créer des mélanges personnalisés et de chics présentations en bouteille !

**MÉTHODE DE PRÉPARATION DE VINAIGRE MAISON MACÉRÉ :**

- Stérilisez le contenant choisi au préalable.
- Nettoyez les fruits ou les herbes que vous désirez utiliser et asséchez-les bien.
- Utilisez un chaudron en acier inoxydable.
- Amenez un peu plus de 500 ml (environ 2 tasses) de votre vinaigre préféré à ébullition.
- Versez le vinaigre qui a bouilli quelques minutes dans un contenant à confiture stérilisé en y ajoutant vos fruits ou vos herbes (romarin, estragon, coriandre, basilic, bouquet d'herbes variées : feuilles de laurier, thym, origan).
- Faites macérer environ trois semaines en remuant le mélange dans le contenant quelques fois par semaine.
- Filtrez à l'aide d'un tamis votre vinaigre aromatisé.
- Transvidez-le dans une bouteille stérilisée que vous aurez enjolivée d'une étiquette personnalisée.

On recommande de le conserver au froid, comme des marinades.

*Remarque importante :*
*Si vous avez recyclé une bouteille de vinaigre, prenez quand même la précaution de la stériliser. Si vous ne le faites pas, vous devrez conserver votre vinaigre au réfrigérateur. Pour éviter les risques d'intoxication alimentaire, votre vinaigre transvidé dans un contenant non stérilisé doit être conservé au froid. N'utilisez pas de casserole en aluminium pour fabriquer votre vinaigre maison; la fonte et le grès sont aussi recommandables que l'inox.*

**AUTRE MÉTHODE DE PRÉPARATION DE VINAIGRE AROMATISÉ (PLUS RAPIDE) :**

- Prenez une casserole en inox de préférence.
- Portez à ébullition votre vinaigre préféré. Retirez la casserole du feu.
- Ajoutez-y les herbes de votre choix et faites-les infuser une trentaine de minutes.
- Pour un vinaigre aux fruits et aux épices, faites bouillir le vinaigre avec les ingrédients, puis retirez la casserole du feu.
- Tamisez le vinaigre.
- Transvidez le vinaigre dans une bouteille stérilisée et ajoutez-y une branche d'herbe ou quelques fruits frais, selon votre mélange.
- Apposez votre étiquette et conservez votre bouteille au réfrigérateur.

Vous pouvez réaliser une étiquette imprimée à l'ordinateur ou enjolivée d'une calligraphie originale. Les bouchons avec doseur peuvent être offerts lorsque vous utilisez une bouteille recyclée. On enveloppe les bouteilles de papier cadeau ou d'un carré de tissu, de cuir ou de suède, et le tour est joué !

## Les vinaigrettes commerciales : sacrifier le goût pour sauver du temps ?

Pour ceux qui se préoccupent de leur santé ou qui doivent suivre un régime alimentaire particulier, il y a sur le marché des vinaigrettes offertes en version allégée, pour les régimes réduits en lipides (matières grasses). Je vous conseille cependant de les faire vous-même, en coupant la quantité d'huile demandée et en y ajoutant un peu d'eau pour diluer la mixture. En ce qui concerne les vinaigrettes commerciales sans huile, on fait appel au pouvoir liant de différents agents gélifiants, la gomme de guar (sorte d'algue) par exemple, pour réussir à donner une texture acceptable qui se conservera longtemps sur les tablettes de l'épicier. Si vous avez à cœur votre santé, évitez d'ingérer ce genre de produits car il contient souvent des préservatifs chimiques et d'étranges combinaisons d'épices... Pas étonnant que plusieurs ne veulent plus entendre parler de salades ou d'un quelconque plat accompagné de laitue !

L'erreur classique est d'utiliser des vinaigrettes allégées, en sacrifiant le meilleur, c'est-à-dire l'utilisation d'une huile de bonne qualité, car la fraîcheur des huiles et leur qualité font toute la différence dans une bonne vinaigrette.

Préférez une vinaigrette plus neutre, à base de citron ou d'un vinaigre doux lié avec une huile légère et assaisonnée de sel et de poivre, pour éviter un mélange trop lourd de saveurs avec les plats de résistance épicés (viande, poisson ou autres protéines de base fortement assaisonnées).

Soyez prudent avec l'ail, le raifort, les piments et tous les types de sauce (Tabasco, Worcestershire, etc.). Ils sont envahissants et risquent de compromettre votre salade et le plat principal, surtout si vous servez une salade en entrée. Les plats qui vont suivre passeront peut-être inaperçus.

Sachez reconnaître votre degré de tolérance au vinaigre en dosant l'huile et en ajoutant du citron s'il le faut. Vaut mieux en rajouter peu à la fois et rectifier.

## *Autres petits conseils*

Lorsque vous recevez, il est sage d'offrir une certaine variété sur la table : huile et vinaigre présentés séparément avec un choix de vinaigrettes, soit une douce et une plus relevée. Soyez prévoyant, n'oubliez pas la salière et le moulin à poivre.

Vous aurez plus de chance que votre salade soit appréciée si vous l'avez coupée en morceaux de bonne grosseur, qui peuvent être mastiqués sans que vos invités se retrouvent avec de trop grosses feuilles à porter à leur bouche.

Il faut chercher à rehausser la saveur des laitues, et non à la masquer, en choisissant la bonne quantité de vinaigre, d'huile et de condiments ou d'herbes qui liera les légumes ensemble. Somme toute, plusieurs ont délaissé les plats de salades par lassitude et à cause du manque de variété de laitues ! Ce n'est donc pas seulement la faute aux légumes. Les ingrédients naturels entrant dans une vinaigrette sont fort simples et faciles à se procurer. Et vous gagnez à coup sûr, car la majorité de ceux-ci sont bons pour la santé, et c'est tant mieux !

## Prévenir pour ne pas avoir à s'en guérir ?

Dans l'avalanche des produits alimentaires qui nous sont offerts aujourd'hui, il faut savoir choisir parmi les trois groupes d'aliments ceux qui peuvent le mieux satisfaire les besoins énergétiques de notre corps et le régénérer.

Nous avons avantage à manger des aliments constitués de glucides complexes, tels ceux que l'on retrouve dans les céréales naturelles, les légumes et les fruits; des matières grasses d'origine végétale, telles que les huiles de lin, d'olive et de colza (biologiques et de première pression); et des protéines telles qu'en contiennent les viandes, les volailles, les œufs, le fromage, le poisson et les produits à base de soya.

De ces trois groupes d'aliments, il y en a un qui se démarque par ses effets dévastateurs sur la population mondiale. Il s'agit bien entendu des glucides simples tels que le sucre raffiné et les farines blanchies.

## Glucides simples

Qu'entend-on exactement par glucides raffinés ou glucides simples ? Bien sûr ces variétés de sucre, blanc ou brun, dont dérivent la plupart des sucreries, pâtisseries, etc., mais aussi les aliments transformés ayant perdu à peu près tous leurs nutriments de base (vitamines, fibres, minéraux et oligo-éléments), comme les produits à base de farine blanche et autres céréales blanchies.

## Les glucides complexes (sucres lents)

Les glucides complexes sont des aliments qui contiennent des sucres assimilables par l'organisme mais qui sont moins nocifs parce qu'ils se décomposent lentement. Ce sont des aliments qui causent donc moins de dommages comparativement aux sucres rapides qui fournissent beaucoup d'énergie d'un seul coup, mais dont les effets ne sont guère prolongés.

Dans la famille des glucides complexes, nous retrouvons les céréales non blanchies qui ont conservé leurs protéines et leurs fibres. Parmi celles-ci, on entend de plus en plus parler de produits à base de farine de kamut, d'épeautre, d'avoine, de seigle, de quinoa et de farine de sarrazin. Les légumineuses telles que les pois chiches, les haricots (fèves de lima, lentilles, lupins, gourganes), les légumes racines (carottes), le riz complet et le lait végétal (soya, noisettes, riz) sont aussi à ajouter à cette catégorie des plus bénéfiques.

## Ce nouveau venu : l'indice glycémique

Un nouveau terme quelque peu médical, provenant de la médecine préventive, a fait son apparition dans le paysage alimentaire : l'indice glycémique ou « IG », dans sa formulation abrégée. En fait, l'indice glycémique fournit aux personnes à risque et aux diabétiques un moyen de bien classer les aliments pour leur faciliter la vie. La glycémie, c'est le taux de sucre qu'il y a dans le sang après l'ingestion d'aliments, et que l'on compare pour en obtenir un « indice ». L'indice glycémique, obtenu par comparaison, permet d'estimer la teneur en sucres simples d'un aliment sur une échelle allant jusqu'à 100 %.

L'IG tient compte aussi des autres composantes comme les graisses et les fibres ingérées, qui se transforment elles aussi. La nourriture est donc « chargée » d'énergie, bonne ou mauvaise selon sa teneur; il en résulte un taux de sucre plus ou moins élevé dans le sang. Dans les faits, les sucres simples ont tendance à faire augmenter la glycémie, en comparaison avec les sucres absorbés plus lentement (la production d'insuline a donc le temps de s'ajuster afin de maintenir la glycémie à un taux normal). Quand les sucres simples sont consommés par un estomac vide, leur absorption est extrêmement rapide (hyperglycémie); il s'ensuit une forte production d'insuline, ce qui provoque habituellement de la fatigue et une sensation de faiblesse (hypoglycémie).

L'Association canadienne du diabète a publié un tableau comparatif d'une variété de féculents de base (pain, légumineuses, riz et céréales) ainsi que des conseils pour une saine alimentation. Elle confirme que le fait de consommer des aliments avec un IG bas aide à réguler l'appétit, à contrôler le taux de cholestérol et la glycémie et réduit les risques de maladies coronariennes ainsi que le diabète de type 2.

Il n'y a que des avantages à maximiser sa consommation de bons sucres, c'est-à-dire de glucides qui auront un effet bénéfique sur le métabolisme. Il faut aller puiser dans des aliments « constructifs », qui contiennent pour la plupart des vitamines, des minéraux et des fibres, bref, des composantes utiles et facilement assimilables. Et il y en a beaucoup. Il ne serait donc pas mauvais d'enlever graduellement du panier d'épicerie ces aliments qui ont subi beaucoup de transformations avant de nous parvenir et qui contiennent beaucoup d'additifs.

Avec les salades suggérées dans le présent ouvrage, vous bénéficiez des bienfaits des trois groupes d'aliments : glucides lents, protéines et huiles végétales de première pression ou extra vierges.

Se nourrir étant une nécessité absolue, il est primordial de connaître les éléments indispensables d'une alimentation saine et équilibrée. En ce sens, les huiles végétales font parler d'elles comme jamais auparavant. Elles font même l'objet de recommandations d'organismes mondiaux de santé en quête de solutions aux nombreuses problématiques entourant le bien-être des populations des pays industrialisés.

Les huiles de dame nature sont les nouveaux élixirs d'aujourd'hui. Elles sont de plus en plus reconnues pour leurs bienfaits par de nombreux comités d'experts en nutrition et sont mises en valeur par plus d'un chef réputé.

Une grande diversité d'huiles végétales de première pression est offerte sur le marché. Il suffit de faire l'essai d'une marque pour l'adopter dans notre alimentation quotidienne. On peut ainsi savourer des huiles de noix de diverses régions d'Europe, des huiles d'olive d'Espagne, de Grèce ou d'Italie et de plus en plus d'huiles certifiées biologiques. Elles sont à l'honneur sur toutes les tables du monde !

Tout comme le sucre raffiné, les gras et les huiles se retrouvent partout ou presque. Pas seulement là où ils sont visibles, dans les bouteilles d'huile à salade ou le contenant de margarine par exemple, mais dans une grande variété d'aliments provenant de l'industrie agroalimentaire : biscuits, pâtisseries et charcuteries, pour n'en nommer que quelques-uns. Et ce ne sont pas toujours des huiles ou des gras bénéfiques pour la santé.

## On distingue trois principales catégories :

**Les margarines :** on en retrouve de différents types, certaines à base d'huiles et de graisses animales et d'autres à base d'huiles végétales qui ont souvent été hydrogénées.

**Les matières grasses végétales :** le beurre d'arachide par exemple ; toutes les huiles végétales (huiles d'olive, de tournesol, de maïs, de noix, de sésame, de germe de blé, de pépins de raisin, de soja, de carthame et de colza, qui sont riches en acides gras polyinsaturés et en oméga-3). Ces huiles naturelles sont riches en vitamine E, anti-oxydante, et en minéraux.

Les matières grasses animales : le saindoux, le beurre et la crème, riches en acides gras saturés; la graisse d'oie, qui est riche en acides gras insaturés, sans oublier les poissons gras tels que le saumon, les sardines, le hareng et le maquereau, riches en oméga-3. Le homard est à déconseiller pour les personnes surveillant leur taux de cholestérol.

Et que font ces acides gras qui forment les corps gras, ou lipides, dans l'organisme ? Source d'énergie pour le corps humain, ces cellules graisseuses vont intervenir dans différents processus de croissance et de reconstitution cellulaires et dans les activités cérébrales, pour n'en nommer que quelques-uns. Le corps tire des bénéfices appréciables des bons gras, surtout pour se débarrasser des mauvais gras.

## Comment choisir une huile végétale de qualité

Il va de soi que l'on doit porter attention à la provenance des produits et aux informations fournies par le fabricant, dont la date de péremption. Dispendieuse ou non, une huile peut rancir à cause d'un mauvais entreposage (période de chaleur intense en vitrine; chauffage excessif pendant le transport).

Étant donné que la plupart de ces huiles sont des produits importés, il est important de lire l'étiquette et de distinguer les méthodes d'extraction utilisées.

Vous trouverez ci-dessous, à titre d'exemple, les critères européens pour l'huile d'olive :

« Huile pure d'olive » : consiste en un mélange d'huiles d'olive raffinées et vierges. Il y a une ambiguïté ici. Elle ne peut être vraiment pure puisqu'il s'agit d'un mélange d'huiles.

« Huile d'olive raffinée » ou « huile pure d'olive raffinée » : elle est obtenue par raffinage.

« Huile d'olive » : on procède à la désacidification par des lessives alcalines et l'action de la vapeur d'eau.

« Huile d'olive vierge » : le raffinage s'effectue exclusivement à partir de l'olive, sans solvant, à l'aide de procédés physiques (pression, filtrage, centrifugation). Le terme vierge est insuffisant pour vous garantir l'absence de raffinage. La mention « première pression à froid » doit se trouver sur l'étiquette.

Et il en va de même pour les autres huiles énumérées ici :

« Huile vierge de… (le nom du fruit ou de la graine dont elle est extraite) » : elle serait donc exclusivement obtenue de cette graine ou de ce fruit sans raffinage ni traitement chimique.

« Huile de… » : est obtenue par raffinage.

« Huile végétale » : est constituée d'un mélange d'huiles qui doivent être mentionnées par ordre d'importance décroissante.

Ces quelques renseignements concernant les huiles et les gras éclairent les choix des consommateurs, selon l'utilisation qu'ils comptent en faire : pour la friture et l'assaisonnement ou strictement pour l'assaisonnement.

## Et ces petits gras qui vous transforment une vie dangereusement !

Les gras trans sont produits artificiellement par procédés d'hydrogénation et sont plus nocifs pour la santé que les gras saturés. Différentes études menées un peu partout autour du monde nous apprennent que les Esquimaux, qui utilisent beaucoup d'huile de poisson, et les Crétois, qui font usage d'huile d'olive, n'ont pratiquement pas de problèmes cardio-vasculaires, et ce, parce qu'ils ne consomment pas de gras transformés. C'est une toute autre histoire dans le nord de l'Europe et aux États-Unis, où les maladies cardio-vasculaires font rage. Ces constats mettent en lumière un sérieux problème lié aux habitudes alimentaires : la consommation de gras trans « cachés » est très élevée. On les retrouve principalement dans les huiles hydrogénées ou le shortening utilisés dans la fabrication des biscuits et desserts commerciaux, des croustilles et des frites.

Les procédés industriels transforment le caractère propre des gras, ce qui a pour effet une mauvaise absorption. Selon de récentes études réalisées aux Pays-Bas, les particules sont décomposées en produits inutilisables pour les cellules du corps. Le bon cholestérol s'en trouve diminué et le mauvais en est augmenté !

Cela a terni les campagnes concernant le cholestérol des 30 dernières années, avec pour résultat un abandon du beurre au profit de la margarine. Plusieurs études ont d'ailleurs démontré que la consommation de margarine ne réduisait pas de façon significative les risques d'accidents cardio-vasculaires et avait probablement fait augmenter les taux de mauvais cholestérol. Il ressort de tout cela que les avis médicaux se recoupent tous : il faut consommer les gras d'origine animale avec modération. Ils peuvent être la cause de l'embonpoint et de maladies cardio-vasculaires, surtout lorsqu'ils sont associés à d'autres facteurs de risque (sédentarité, hypertension et tabagisme).

## Conservation des huiles

Favorisez les huiles végétales et conservez-les dans un endroit frais. Les huiles de noix sont particulièrement fragiles. Veillez à ce qu'elles ne rancissent pas. Elles doivent être consommées plus rapidement ou bien conservées au réfrigérateur. Portez aussi attention à la date de péremption indiquée sur l'étiquette. Et jetez toute huile de cuisson qui aurait chauffé à haute température car elle est nocive pour la santé.

Il est fortement suggéré de placer vos contenants et bouteilles à l'abri de la lumière. Au besoin, enveloppez-les d'un papier opaque ou d'un morceau de tissu.

Les huiles rances sont extrêmement dommageables pour la santé. Les huiles ayant servi plusieurs fois pour la friture le sont également. Les margarines doivent toujours demeurer au frais. Il en va de même pour le beurre resté trop longtemps à la température ambiante; il risque lui aussi de se rancir.

Vous pouvez conserver votre huile de qualité au réfrigérateur par temps chaud. Même si elle se solidifie et fait des « flocons », elle ne perdra pas de sa valeur nutritive ni de son goût. Cela vaut mieux que de risquer qu'elle ne se détériore ou cause un empoisonnement alimentaire.

## Les principales huiles à salades

## Huile de soya

Très connue, l'huile de soya, extraite des fèves de soya, est fine et claire en plus d'être très polyvalente. Elle a gagné en popularité depuis de nombreuses années, pour la simple et bonne raison qu'elle entre dans la fabrication de margarines courantes. Qui plus est, le soya est de loin la plante qui a été le plus génétiquement modifiée pour devenir plus résistante aux herbicides qui sont généreusement épandus dans les cultures.

# Huile de tournesol

Elle est extraite des graines de tournesol et a un petit goût particulier qui peut rehausser les vinaigrettes à lui seul. On peut l'utiliser pour les fritures légères. Essayez-la également dans la préparation de vos mayonnaises maison.

# Huile de maïs

Inodore et à la saveur pratiquement neutre, l'huile de maïs est la plus employée au monde. Dans la plupart des cultures, les graines ont été génétiquement modifiées. On l'emploie pour la friture comme pour les vinaigrettes. Elle entre aussi dans la composition de plusieurs marques de margarine, mais qui sont souvent hydrogénées. Il est possible de trouver des huiles de maïs certifiées biologiques.

## Huile d'arachide

Appréciée des Orientaux pour utilisation dans les plats cuisinés au wok, l'huile d'arachide est claire et possède une résistance très élevée à la chaleur. Elle ne sera nocive qu'à partir de 230 degrés Celsius. Très polyvalente, on l'utilise pour la cuisson comme dans la préparation des mayonnaises et des vinaigrettes. Il existe des huiles d'arachide biologiques sur le marché.

### Huile de carthame

Un petit goût de noisette caractérise cette huile originaire d'Orient. Elle est d'un beau jaune ambré quand elle n'a pas été raffinée, et se présente dans un jaune plus clair dans sa version raffinée. Fragile, elle demande à être protégée de la lumière et de la chaleur.

## Huile de pépins de raisin

Il s'agit d'une nouvelle sorte d'huile, beaucoup plus claire que l'huile d'olive. Son goût est fin et léger, avec des notes fruitées. Elle entre plutôt dans la composition des mayonnaises, étant donné qu'elle ne fige pas au réfrigérateur. On l'apprécie dans les marinades et les vinaigrettes. Comme elle supporte bien la chaleur, on la recommande pour la cuisson des aliments. De plus, elle est reconnue pour faire baisser le taux de cholestérol dans le sang. Mais ce qui est vraiment intéressant, c'est que l'huile de pépins de raisin est riche en tanins, tout comme le vin, qui luttent contre certaines agressions corporelles et augmentent la résistance des capillaires sanguins. Ils seraient efficaces notamment contre l'obstruction des artères.

## Huile de colza (aussi appelée huile de canola)

La culture du colza s'étend dans les vastes plaines de l'Ouest canadien, où l'on trouve presque partout des champs de plantes génétiquement modifiées (des OGM). Ces cultures sont améliorées dans le but de les rendre résistantes aux herbicides chimiques. C'est l'huile la plus utilisée au Canada. La plupart des vinaigrettes en contiennent et quantité de préparations culinaires. Et ses qualités ne sont pas à dédaigner : sa teneur en gras saturés n'est que de 6 %. Toutefois, il n'y a pas encore d'études garantissant les effets à long terme des cultures transgéniques sur les humains et les animaux. Cette huile dégage une forte odeur quand elle est surchauffée. L'huile de colza biologique de première pression à froid est une des huiles végétales les plus riches en oméga-3, avec l'huile de lin de première pression.

## Huile d'olive

Elle est apparue en Amérique grâce aux communautés italiennes et grecques qui l'utilisent depuis des temps immémoriaux. L'olive étant cultivée dans la région méditerranéenne, assurez-vous d'avoir une huile importée de qualité avec une date de péremption. Elle a une belle couleur verte et un goût plus ou moins prononcé selon la pureté et la variété d'olives utilisée. L'huile d'olive devrait figurer parmi les aliments de base dans toute cuisine. Elle entre naturellement dans la préparation de vinaigrettes et de marinades et est largement utilisée en cuisine. On la cite dans toutes les études scientifiques lorsqu'il est question d'un anti-oxydant efficace.

## Huile de sésame

Cette huile à l'odeur très prononcée nous vient de la cuisine orientale, où on l'emploie pour la friture et les plats sautés car elle présente, tout comme l'huile d'arachide, une forte résistance aux températures de cuisson élevées. Mais si on la fait trop chauffer, elle dégage une mauvaise odeur et devient indigeste de toute manière. Elle fait d'excellentes vinaigrettes auxquelles on ajoute de la sauce soya et du gingembre.

# Huile de germe de blé

Moins utilisée en cuisine que comme supplément alimentaire, elle est à expérimenter en combinaison avec d'autres huiles, dans une vinaigrette par exemple. On la conserve loin des sources de chaleur et dans un contenant opaque. L'huile de germe de blé biologique de première pression est riche en oméga-3.

Les vitamines liposolubles (qui se dissolvent dans un corps gras) A, D, E et K se dissolvent aisément dans l'huile végétale, telle qu'on peut en savourer dans une bonne salade. Quand vous ingérez de bonnes huiles, ces vitamines ont un bon véhicule pour les transporter là où elles doivent se rendre dans l'organisme. Qui plus est, la plupart des huiles végétales contiennent de la vitamine E. Les huiles fournissent une énergie très appréciable. Les enfants comme les femmes enceintes ne doivent pas s'en priver.

Par contre, ceux qui prennent des anticoagulants doivent consulter leur médecin avant de consommer de trop grandes quantités d'aliments riches en vitamine K. Ils sont donc invités à diminuer leur consommation de certains légumes, tels que le chou et les épinards, et aussi à manger avec modération certaines viandes, car la vitamine K joue un rôle important dans la coagulation du sang.

En ce qui concerne les huiles, je vous suggère fortement de vous procurer des huiles biologiques de première pression. Choisissez-les de préférence dans des bouteilles en verre (vert foncé ou brunâtre) car elles protègent contre les effets oxydants de la lumière. Achetez-les en portant une attention particulière à leur date de péremption, chez des marchands qui ont un bon roulement de marchandises. Les huiles de première pression extra vierges sont un peu plus dispendieuses, mais il s'agit d'un bon investissement puisqu'elles sont de meilleure qualité.

Utilisez l'huile avec plus de retenue si vous désirez perdre du poids. Toutefois, si vous privez votre organisme d'un nutriment, il va chercher à compenser ailleurs, et pas nécessairement avec des aliments qui sont bénéfiques pour lui. Les huiles sont naturellement plus lentes à digérer, mais elles vont satisfaire la faim plus longtemps tout en équilibrant un repas composé de légumes et d'une bonne source de protéines.

Les huiles qui autrefois servaient de combustible pour l'éclairage, entrent maintenant dans la composition des nouveaux repas aux chandelles. Sortez de l'ordinaire et faites-vous plaisir en ajoutant plus d'éléments nutritifs aux menus quotidiens grâce aux bonnes huiles végétales. Les salades s'y prêtent à merveille !

# Les protéines

La qualité des protéines est importante en regard d'une alimentation saine et équilibrée. Si vous en manquez, vous risquez d'avoir moins de tonus. Une personne pesant 60 kg devrait en consommer autour de 60 g par jour, selon ses activités. Les protéines entrent dans la constitution des muscles, des cheveux, du sang, de la peau, des hormones, des enzymes et des anticorps. Il faut donc en offrir de bonnes quantités aux enfants et aux adolescents en pleine croissance, aux femmes enceintes et à celles qui allaitent ainsi qu'aux personnes convalescentes pour la réparation des tissus. Tout le monde devrait en consommer régulièrement. C'est de loin l'aliment le plus important pour maintenir le bon fonctionnement du corps (enzymes, hormones, anticorps).

Nous en avons besoin dans notre alimentation quotidienne car l'organisme ne peut pas en fabriquer lui-même. C'est pour cette raison que l'on met l'accent sur un régime alimentaire qui comporterait au minimum 2 portions d'environ 20 g en moyenne pour une personne sédentaire, et plus selon la dépense énergétique. Les protéines sont en quelque sorte les fortifications de notre corps. Elles sont élaborées à partir d'un agencement bien déterminé de particules (selon le code génétique propre à chacun) appelées les acides aminés. Il en existe d'innombrables combinaisons. Ainsi, on retrouve une combinaison d'une chaîne d'acides aminés particulière pour une protéine de cheveu; une autre bien différente serait celle d'un ongle, etc.

Quand vous consultez l'étiquette d'un substitut de repas, de la poudre de soya par exemple, une liste de noms complexes apparaît sous « acides aminés ». Pour ce qui est des autres sources de protéines, on inscrit de plus en plus sur les emballages la quantité des protéines utilisables. Il y a entre autres ceux-ci : isoleucine, leucine, lysine, phénylalanine, méthionine, thréonine, valine et tryptophane. Encore des noms scientifiques ! L'important, c'est la valeur de chacun et le fait que vous devez en retrouver au moins huit qui sont essentiels.

Il faut qu'ils soient tous présents pour que s'accomplissent les processus nécessaires à l'équilibre de notre corps. S'il en manque un, c'est tout l'organisme qui est perturbé. Les protéines animales sont plus complètes que les protéines végétales car elles contiennent les huit acides aminés essentiels, en plus du fer et de la vitamine B12. C'est pourquoi une alimentation végéta-rienne doit contenir des aliments aux combinaisons complémentaires pour que soient présents les huit acides aminés essentiels au bon fonctionnement du corps. On augmente l'apport en fer en consommant de la vitamine C, en ajoutant du citron dans la vinaigrette par exemple. Il faut tout de même veiller à prendre des suppléments vitaminiques et des minéraux, au besoin, ou ajouter des algues au menu, pour leur richesse en vitamine B12 et en miné-raux. Au Mexique, le maïs complète les protéines manquantes des haricots dans plusieurs recettes, tandis qu'en Indes, on sert des plats de riz aux len-tilles pour compléter les protéines manquantes. Ce sont des combinaisons toutes simples qui permettent de retrouver l'ensemble des acides aminés essentiels à la fabrication des protéines du corps. Une bonne source de pro-téines contenant les 8 acides aminés de base est essentielle tous les jours pour maximiser la synthèse de toutes les protéines dont le corps a besoin pour se maintenir en santé.

## SOURCES DE PROTÉINES CONTENANT
## DE LA VITAMINE B12

| ALIMENTS (100 G) | TENEUR EN VITAMINE B12 EN MCG |
|---|---|
| Abats (cervelle, cœur de bœuf) | 8 à 13 |
| Céréales, légumes et fruits | 0 |
| Crabe en conserve | 7 |
| Foie | 60 |
| Huîtres crues | 16 |
| Moules | 11 |
| Sardines | 11 |
| Thon en conserve | 7 |
| Thon frais | 11 |
| Viandes en général | 0,7 à 1 |

Les besoins journaliers en vitamine B12 sont de 3 microgrammes chez l'adulte. Une carence peut provoquer de l'anémie.

Les spécialistes recommandent que les besoins énergétiques soient couverts par les protéines dans une proportion d'environ 10 à 15 % quotidiennement. On estime environ 1g de protéines par kg de masse corporelle. Cependant, ces mesures ne tiennent pas compte des besoins personnels de chacun, selon son métabolisme. Et la plupart des gens se sentent beaucoup mieux lorsqu'ils ingèrent plus de protéines que les valeurs proposées dans les guides alimentaires. Vous êtes donc la personne la mieux placée pour veiller à votre équilibre alimentaire et faire les choix qui s'imposent pour vous sentir bien et en santé (voir le chapitre sur les glucides raffinés).

## Sources de protéines

Le poisson se compare à la viande (rouge ou autre). On suggère des portions de l'une ou l'autre de ces deux sources qui apportent en moyenne de 18 à 20 g de protéines utilisables, soit environ 15 à 24 %. Le fer est absent du poisson mais présent dans la viande rouge. Il faut donc veiller à en ajouter à son alimentation sous forme de suppléments, si vous mangez plus de poisson que de viande.

Les crustacés et les fruits de mer représentent une bonne source de protéines et sont riches en minéraux. Ils se cuisinent facilement et agrémentent avec originalité la plus simple des salades.

Les œufs sont une très bonne source de protéines. Deux œufs peuvent remplacer 100 g de viande. Les gens qui font attention à leur cholestérol ne doivent pas en manger plus que la quantité recommandée par leur diététicien. On y retrouve environ 13 % de protéines.

Les fromages sont également une bonne source de protéines. Le fromage blanc et l'allégé ne contenant pas plus que 0 à 20 % de matières grasses, sont recommandés pour la même qualité de protéines. Coupés en petits cubes ou mélangés dans une vinaigrette, les fromages sont nourrissants. Ils fournissent toujours une bonne source de calcium en plus de nous offrir une vaste gamme de saveurs. Le lait, le yogourt et le fromage blanc fournissent quant à eux environ 5 à 8 % de gras en moyenne. Les produits laitiers – incluant les produits à base de lait cru de plus en plus accessibles – sont pratiques et faciles à combiner avec les légumes et les fruits frais.

Les protéines d'origine végétale font bonne figure avec le tofu en tête de liste (16 g par 100 g), suivi par les membres de sa grande famille, les légumineuses. Il s'agit ici encore d'une excellente source de protéines. Recommandées par les diététiciens, les légumineuses complètent les plats de riz (2,3 g), le pain (7 g), les pâtes alimentaires et les céréales (2 à 3 g). Il est tout à fait indiqué de faire des combinaisons de pâtes et de légumineuses, pour en augmenter la valeur protéinique. Les salades santé sont idéales pour la préparation de telles combinaisons.

## TABLEAU DES VALEURS PROTÉINIQUES
## D'ALIMENTS COURANTS

| SOURCE | PORTION | QUANTITÉ DE PROTÉINES DISPONIBLES |
|---|---|---|
| Amandes | 100 g (3 c. à s.) | 5 g |
| Beurre d'arachide | 15 ml (3 c. à s.) | 5 g |
| Bœuf haché maigre | 120 g (4 oz) | 32 g |
| Fromage cottage | 125 ml (4 oz) | 15 g |
| Lait de vache | 250 ml (8 oz) | 9 g |
| Lait de soya | 250 ml (8 oz) | 8 g |
| Légumineuses | 250 ml (1 tasse) | 15 g |
| Œufs de poule | 1 (calibre gros) | 6 g |
| Poitrine de poulet | 120 g (4 oz) | 36 g |
| Saumon | 120 g (4 oz) | 34 g |
| Tofu | 100 g (3 1/2 oz) | 15 g |
| Yogourt | 250 ml (8 oz) | 14 g |

Rares sont les personnes qui font des excès de protéines. Il est toutefois fortement recommandé de répartir son apport quotidien de protéines entre les repas, et non d'en ingérer une grande quantité en un seul dans la journée. Le surplus de protéines non utilisées a de bonne chance d'être transformé en glucides, en plus de faire travailler les reins davantage. Les personnes susceptibles de développer des problèmes d'articulation et qui ont les reins fragiles doivent surveiller de plus près leur consommation d'aliments acidifiants (viandes rouges, par exemple).

La solution est simple : il faut varier les sources de protéines animales et végétales et servir des quantités raisonnables, en plus de boire une plus grande quantité d'eau pour aider à l'élimination des toxines. Une alimentation qui respecte l'équilibre acido-basique est recommandée, surtout dans les cas d'affections chroniques aussi fréquentes que les tendinites. Les légumes verts, les fruits et les produits laitiers faibles en gras sont bénéfiques par leur action alcaline.

Pour éviter les baisses d'énergie, bien des nutritionnistes et diététiciens recommandent d'ajouter un bon apport de protéines aux repas de la journée. Ce sont elles qui vont vous soutenir dans vos activités, en tenant loin de vous les rages de sucre.

Les légumineuses ont nourri les hommes depuis des millénaires. Il s'agit d'un aliment de base pour de nombreuses populations à travers le monde. Mais les légumineuses demandent à être cuisinées en combinaison avec des légumes, des épices et des fines herbes pour qu'elles acquièrent plus de saveur, comme on le fait avec les autres sources de protéines (viandes, volailles, poissons). Citons le Mexique par exemple, où l'on ajoute des haricots dans les plats traditionnels, accompagnés de sauces épicées la plupart du temps. Au Québec, le traditionnel plat de fèves au lard n'a probablement pas contribué à populariser les autres variétés de légumineuses.

Vous trouverez facilement plusieurs variétés de légumineuses chez votre épicier. Elles reviennent en force dans les menus santé, au bonheur des spécialistes en alimentation, car elles sont faibles en gras, riches en fibres et en minéraux et contiennent beaucoup de protéines. C'est donc un aliment idéal à incorporer dans une salade de riz, pour en augmenter les combinaisons d'acides aminés (dont sont faites les protéines) et de légumes ! On y retrouve du potassium, de l'acide folique, du magnésium, du fer, du cuivre et du zinc en quantités appréciables.

Un grand choix s'offre à vous : les lentilles vertes et rouges, bien connues en soupe et comme accompagnement, sont à découvrir en salade. Les pois chiches, les haricots à grains noirs, les haricots d'Espagne, les haricots pinto, les romains, les haricots rouges et les fèves de soya sont employés dans plusieurs des recettes du présent ouvrage. Il en existe d'autres : les haricots de Lima, les fèves mungo, les haricots azuki, les doliques à œil noir et les doliques d'Égypte. Découvrez les lupins à saveur d'amande en amuse-gueules, avec un peu de jus de citron.

## Conseils de cuisson

En moyenne, le temps de cuisson varie entre 30 minutes et une heure et demie, si au préalable vous les avez fait tremper, ce qui permet de préserver les vitamines. Il est recommandé de ne pas utiliser l'eau de cuisson. Les lentilles n'ont pas besoin de trempage. Leur cuisson varie d'un type à l'autre. Suivez les instructions indiquées sur l'emballage et testez-les avec vos instruments de cuisine.

Si vous préférez raccourcir le temps de cuisson, optez pour un autocuiseur et faites tremper au préalable pendant 24 heures pour les attendrir. Certains suggèrent de changer l'eau toutes les 8 heures et de rallonger la période de trempage jusqu'à 48 heures, pour écourter le temps de cuisson. Vous trouverez par vous-même la méthode idéale qui conviendra le mieux.

N'utilisez jamais d'eau chaude pour débuter la cuisson, pour éviter les risques de fermentation. Il est conseillé d'ajouter un peu d'huile végétale à l'eau de cuisson pour diminuer l'écume. Évitez de cuire des fèves de soya, des haricots de Lima, des pois et des lentilles dans l'autocuiseur.

Évitez le blocage de votre autocuiseur en prenant soin de nettoyer le régulateur de pression et la soupape après chaque emploi.

Vous devez ajouter un peu d'huile à l'eau de cuisson. Une cuisson prolongée des légumineuses les rendra moins appétissantes en salade car elles seront devenues trop tendres et farineuses. À ce point, elles seront bien en purée.

Comme pour toute recette, planifiez votre menu du mois et préparez les légumineuses à l'avance. Vous pouvez les congeler à plat une douzaine d'heures afin qu'elles demeurent bien séparées les unes des autres. Il suffit ensuite de les arranger en portions individuelles en les plaçant dans des sacs en plastique allant au congélateur. C'est simple et pratique. Elles seront faciles à utiliser par la suite.

Si vous manquez vraiment de temps, considérez l'achat de légumineuses en conserve. Vous aurez besoin de les rincer à l'eau fraîche au moins deux fois.

Il y a aussi la question des flatulences que les légumineuses occasionnent. Elles sont atténuées, semble-t-il, lorsque les légumineuses sont passées sous l'eau froide tout de suite après la cuisson. Plusieurs affirment que votre organisme s'y habitue lorsqu'il en consomme régulièrement.

## Entrées et salades d'accompagnement

Bloody Salad

Tapenade

Concombres ficelés
au fromage de chèvre

Pruneaux surprise

Fraises piquantes

Salade miniature

Avocat à la crevette

Cailles à la crème

Salade d'aubergine et feta

Cantaloup style italien

Entrée au fromage de chèvre

Truite fumée aux légumes

Entrée au poivron grillé et
aux noix de pin

Entrée au thon à la japonaise

Terrine de veau

Granité à la tomate

Canard aux figues

Escargots en verdure

# Bloody Salad

*Pour 2 personnes*

1 tomate moyenne
1 branche de céleri
2 rondelles de citron (facultatif)
Feuilles de laitues variées

**VINAIGRETTE**

2 c. à t. de jus de tomate ou de légumes
2 c. à t. d'huile d'olive
1 c. à t. de jus de citron
Sel ou graines de céleri (au goût)
Quelques gouttes de sauce Worcestershire
Poivre de Cayenne (facultatif) ou
Quelques gouttes de sauce Tabasco

**Préparation :** Couper la tomate et le céleri en dés et déposer dans un bol. Préparer la vinaigrette en mélangeant tous les ingrédients et arroser les légumes en les retournant plusieurs fois à l'aide d'une cuillère. Arranger l'assiette ou le bol à salade en disposant les feuilles de laitues au fond et déposer le mélange de tomates au centre en garnissant d'une rondelle de citron. Servir immédiatement.

SUGGESTION

Le mélange de tomates et céleri peut se faire la veille et se conserver au réfrigérateur 12 heures.

# Tapenade

*Pour 4 personnes*

2 filets d'anchois
100 g d'olives noires dénoyautées
1/4 gousse d'ail
1/2 citron
2 c. à t. de câpres
2 c. à s. d'huile d'olive
1/2 c. à t. de moutarde de Dijon
Thym (au goût)

## GARNITURE

3 tranches de pain au blé entier
Feuilles de laitues
2 tomates en quartiers
Huile d'olive
Vinaigre balsamique (facultatif)
Sel et poivre

*Préparation :* Presser le demi citron. Mélanger tous les ingrédients au robot culinaire jusqu'à consistance lisse. Servir sur le pain tranché. Garnir les assiettes avec la laitue et les quartiers de tomate arrosés d'un filet d'huile d'olive et de vinaigre balsamique. Saler et poivrer au goût. Servir dans des assiettes individuelles ou une assiette de service.

## SUGGESTION

Les anchois étant très salés, goûter au mélange avant d'en ajouter plus; même précaution pour la quantité d'ail.

# Concombres ficelés au fromage de chèvre *Par personne*

3 tranches de fromage de chèvre
6 tranches de concombre anglais
Une douzaine de brins de
    ciboulette
1 tranche de lime
Chicorée
Huile et vinaigre (au goût)

*Préparation :* Couper 6 tranches de concombre et 3 portions de fromage de chèvre. Faire un sandwich et prendre 3 brins de ciboulette et faire de petits nœuds.

# *Pruneaux surprise* *Pour 2 personnes*

6 pruneaux
3 tranches de bacon
1 bol de Mesclun
1 pomme
Poignée de pistaches écalées

**VINAIGRETTE**

1 c. à t. d'huile de noix (noisette ou pistache)
1/2 c. à t. de vinaigre de cidre
1/2 c. à t. de jus de citron
Poivre de Cayenne (facultatif)
Sel

*Préparation :* Allumer le four à 205 °C/400 °F. Enrouler la moitié d'une tranche de bacon autour de chaque pruneau et déposer sur une plaque antiadhésive recouverte de papier parchemin. Cuire une dizaine de minutes. Il faut que le bacon soit assez cuit, sans être trop croustillant, et que les pruneaux aient pris du volume. Laisser refroidir 5 à 10 minutes avant de servir. Couper la pomme en cubes et arroser de citron. Mélanger tous les ingrédients de la vinaigrette dans un bol à salade et ajouter le Mesclun. Disposer les pruneaux au bacon et parsemer de pistaches.

## SUGGESTION

Pas besoin de faire tenir le bacon avec un cure-dents. À la cuisson, le bacon adhère bien aux pruneaux qui ont pris du volume.

# Fraises piquantes

 *Pour 2 personnes*

3 à 4 fraises moyennes
1 tasse de feuilles de laitue Arugula
6 noix de Grenoble en morceaux
Fromage parmesan

## VINAIGRETTE

1 c. à s. d'huile d'olive
1 c. à s. de vinaigre balsamique
  vieilli
Poivre noir fraîchement moulu

*Préparation :* Préparer la vinaigrette dans un bol à salade en mélangeant tous les ingrédients. Faire dorer les noix dans un poêlon à température moyenne en remuant souvent, jusqu'à ce qu'elles commencent à dégager leur arôme et brunissent légèrement (facultatif). Les déposer dans le bol à salade. Couper les fraises en tranches et les déposer dans le bol avec la laitue. Brasser délicatement pour bien imprégner les fraises, les noix et la laitue. Saler, poivrer et brasser délicatement à nouveau. Servir avec du fromage parmesan.

## VARIANTE

On peut remplacer le fromage parmesan par un autre fromage à pâte ferme.

# Salade miniature

*Par portion*

3 œufs de caille

Feuilles de jeunes pousses d'épinards

1 poivron jaune grillé

1/4 de tasse de macédoine congelée

1 c. à t. de persil ciselé

**MAYONNAISE**

1 jaune d'œuf

Huile d'olive

1/2 c. à t. d'estragon séché ou 1 c. à t. d'estragon frais

Sel et poivre

*Préparation :* Faire bouillir les œufs pas plus de 4 minutes. Les refroidir immédiatement à l'eau froide. Enlever la coquille et les mettre de côté. Faire cuire la macédoine selon les instructions du fabricant ou al dente. Bien égoutter et mélanger avec le poivron tranché en fines lanières et le persil ciselé. Ajouter 1 c. à s. de mayonnaise et bien mélanger. Disposer la macédoine avec les œufs de caille sur les épinards. Saupoudrer d'herbes fraîches.

## SUGGESTION

Servir de la mayonnaise (régulière ou rehaussée d'estragon, de ciboulette ou d'un mélange de fines herbes) dans un petit bol pour ceux qui aimeraient en ajouter aux œufs.

# Avocat à la crevette

*Pour 2 personnes*

1 avocat bien mûr

4 à 5 champignons de Paris (50 g)

1 petite gousse d'ail (ou moins)

1/4 de tasse de crème sûre

1 c. à t. de jus de citron

1/4 c. à t. d'huile de noisette

Sel de mer

Pincée de cardamome (facultatif)

2 crevettes jumbo

1 tasse de bébés laitues ou de
   bébés épinards

Sel et poivre fraîchement moulu

**VINAIGRETTE**

1 c. à t. d'huile de noisette

1 c. à t. de citron

Brin de coriandre

Sel et poivre fraîchement moulu

**Préparation :** Couper l'avocat en deux et en retirer la chair. Conserver la pelure. Dans un bol, mettre l'avocat en purée et y ajouter l'ail écrasé, la crème sûre, le jus de citron, le sel de mer et la cardamome. Bien mélanger. Saler et poivrer au goût. Verser le mélange dans la pelure. Couper les champignons en tranches moyennement fines. Faire bouillir les crevettes quelques minutes – elles sont cuites quand elles changent de couleur (rose); bien les égoutter. Déposer la laitue dans les assiettes, puis disposer les champignons dessus. Garnir le centre de l'avocat avec la crevette et une tranche de lime ou de citron (facultatif).

## SUGGESTION

On peut ajouter plus de crème ou du yogourt nature pour faire une trempette. Y ajouter de la coriandre fraîche finement hachée pour varier la saveur et de l'oignon vert à la place de l'ail.

# Cailles à la crème

*Pour 2 personnes*

2 cailles royales ou 4 petites
   cailles

1 1/2 c. à s. de beurre

50 ml de crème fraîche

Sel et poivre

Pincée de romarin

Une poignée de raisins verts
   (sans pépins)

Mélange de laitues

**Préparation :** Dans un poêlon, faire fondre le beurre et cuire les cailles à feu moyen. Poursuivre la cuisson à l'étouffée. À mi-cuisson (10 minutes), verser la crème fraîche et retourner les cailles pour les enrober. Achever la cuisson en les arrosant souvent avec la crème. Incorporer les raisins verts au dernier moment. Brasser la sauce. Retirer du feu et laisser tiédir. Servir sur un lit de laitues mélangées avec une vinaigrette douce.

# Salade d'aubergine et feta

*Pour 1 personne*

25 g de fromage feta en cubes
1 1/2 tasse de pousses d'épinards
1/4 d'aubergine (8 à 10 tranches)
1 petit oignon
Brin d'aneth
Laitue romaine
Olives noires Kalamata

**VINAIGRETTE**

2 c. à t. d'huile d'olive
1/2 c. à t. de jus de citron
1/2 gousse d'ail (petite)

*Préparation :* Préchauffer le four à 205 °C/400 °F. Disposer les tranches d'aubergine finement coupées et arrosées d'huile d'olive sur une plaque à biscuits antiadhésive. Faire cuire jusqu'à ce qu'elles commencent à dorer, environ 8 à 10 minutes. Garnir une assiette d'épinards enrobés de vinaigrette, étaler les tranches d'aubergine. Parsemer le fromage feta sur la salade et garnir avec les olives noires, l'oignon coupé en rondelles et de l'aneth frais. Servir immédiatement.

## SUGGESTION

Servir cette salade accompagnée de tranches de pain.

# Cantaloup « style » italien

*Pour 2 personnes*

1/2 cantaloup
2 tranches de prosciutto
2 feuilles de laitue romaine
2 c. à s. d'olives noires tranchées
Vinaigre balsamique
Huile d'olive
Sel et poivre

**Préparation :** À l'aide d'une cuillère à melon, faire de petites boules de cantaloup. Couper le jambon italien en lanières de 2 cm (1/2 po) et les enrouler autour des boules; utiliser des cure-dents si les lanières sont plus ou moins souples. Garnir une assiette avec les feuilles de laitue romaine et disposer dessus les fruits et le prosciutto. Parsemer d'olives noires et arroser d'un filet d'huile et de vinaigre; on peut aussi laisser de l'huile et du vinaigre sur la table, si quelqu'un désire en ajouter. Servir avec du pain.

# Truite fumée aux légumes

*Pour 2 personnes*

2 filets de truite fumée

1 petite carotte

Germinations variées
  (pois mange-tout)

Poivron vert, rouge ou jaune

## SAUCE AU FROMAGE ET À L'ESTRAGON

1 1/2 c. à s. de fromage bleu
  (Roquefort)

1/2 c. à t. de vinaigre balsamique
  blanc

2 c. à t. de crème 15 %

1/4 c. à t. d'eau (ou moins)

1/2 c. à t. d'huile de pépins de raisin

1/2 c. à t. de moutarde de Dijon à
  l'estragon

Brin de persil (facultatif)

Sel et poivre fraîchement moulu

*Préparation :* Préparer la sauce en mélangeant bien tous les ingrédients. Assaisonner au goût. Garnir les assiettes en disposant les juliennes de légumes faites à l'aide d'un robot culinaire ou à la main. Disposer les filets de truite sur les germinations et napper de sauce au moment de servir. Garnir de persil frais.

## SUGGESTION

Accompagner de pain ou d'une
tranche de bagel grillé !

# Entrée au poivron grillé et aux noix de pin

*Pour 2 personnes*

1 poivron rouge grillé
Fromage italien Bocconcini
Feuilles de laitue romaine
2 c. à s. de noix de pin
Huile d'olive
Vinaigre balsamique

**Préparation :** Évider le poivron et couper en lanières de 2 à 3 cm (2 po). Faire cuire 4 à 5 minutes sous le gril. Garnir les assiettes avec la laitue romaine et disposer les lanières de poivron autour du fromage. Asperger d'huile d'olive. Parsemer de noix de pin et arroser d'un filet de vinaigre balsamique au moment de servir.

## SUGGESTION

Servir avec du pain aux olives noires. Vous pouvez enlever les pelures grillées des lanières de poivrons avant de servir. Elles sont laissées seulement pour ajouter une touche de couleur.

# Entrée au thon
# à la japonaise

*Pour 2 personnes*

1 petit filet de thon jaune frais
(80 à 100 g)
1 petit concombre
Algues Nori
1/2 tasse de riz cuit
1 c. à t. de vinaigre de riz
1 morceau de daikon ou
quelques radis

**VINAIGRETTE WASABI**
1/2 c. à t. de vinaigre de riz
1/2 c. à t. d'huile de soya
1/2 c. à t. de poudre Wasabi
Sel

Préparation : Cuire le riz à l'avance et ajouter environ 1 c. à t. de vinaigre de riz. Mouler le riz dans un petit récipient huilé et conserver au réfrigérateur. Couper le thon en fines lanières et le concombre en rectangles de même longueur. Utiliser des algues Nori (lanières de 15 mm / 1/2 po) pour attacher le thon avec le concombre.

Préparer la vinaigrette en mélangeant tous les ingrédients dans un bol. Verser une cuillerée de sauce dans un petit récipient ou vider quelques radis qui serviront à cet effet (on peut la verser directement sur le côté de l'assiette). Renverser le riz au centre de l'assiette et disposer le thon dessus.

SUGGESTION

On peut remplacer les radis (ou le daikon) par du céleri haché, du céleri-rave ou par la chair blanche d'un bulbe de fenouil. Utiliser une mandoline pour faire de fines tranches de légumes.

# Terrine de veau

*Pour 2 personnes*

2 tranches de terrine de veau
   (1 cm) de Charlevoix aux
   champignons et aux noisettes
2 petites laitues variées
1 branche de céleri
2 c. à s. d'oignons marinés
1 c. à t. d'huile d'olive

1/2 c. à t. de vinaigre de Xérès ou
1/2 c. à t. de jus de citron
Pincée de thym
Croûtons (facultatif)
Sel et poivre

**Préparation :** Dans un saladier, verser l'huile, le vinaigre, le citron et les assaisonnements. Fouetter à la fourchette. Incorporer le céleri tranché en diagonale, les oignons et la laitue. Verser la vinaigrette sur les légumes et touiller. Couper les tranches de terrine en petits cubes. Garnir les assiettes avec la salade; parsemer de cubes de pâté et de croûtons.

SUGGESTION

Remplacer les croûtons par des tranches de pain baguette. On peut doubler, voire tripler la quantité de vinaigrette et la conserver au réfrigérateur pour de prochaines salades.

# Granité à la tomate  *Par portion*

1 tomate rose
1 tranche de lime
Basilic frais
Olives vertes

**Préparation :** Couper la tomate en morceaux et la passer au mélangeur pour qu'elle devienne liquide. Assaisonner. Laisser prendre au congélateur. Quand elle est bien prise, la défaire à la fourchette. On peut former une boule ou déposer tel quel sur les olives. Garnir avec une feuille de basilic frais et une tranche de lime. Servir immédiatement.

## SUGGESTION

Si le granité est resté trop longtemps au congélateur, le déposer dans l'eau chaude quelques minutes.

# Canard aux figues *Par portion*

1 figue fraîche
Laitue Boston
Cresson (facultatif)

2 tranches de magret de canard
   fumé
Huile d'olive
Citron

***Préparation :*** Couper la figue en 4 morceaux. Garnir une assiette avec la laitue et verser un filet d'huile. Déposer les tranches de magret au centre et garnir avec les morceaux de figue.

# Entrée au fromage de chèvre
*Pour 2 personnes*

1 petite laitue frisée
Fromage de chèvre aux fines
   herbes
1 petit oignon vert émincé
1 tranche de pain de seigle

**VINAIGRETTE À LA FRAMBOISE**

1 c. à t. de vinaigre de framboise
2 c. à t. d'huile de colza
1/4 c. à t. de confiture de framboises
Pincée de fines herbes (facultatif)
Sel et poivre

***Préparation :*** Mélanger l'huile, le vinaigre et la confiture dans un bol. Ajouter la moitié de l'oignon vert émincé et une pincée de fines herbes, au goût; mélanger à nouveau. Verser la vinaigrette sur la laitue et touiller. Garnir deux assiettes avec la salade et parsemer de cubes de pain tartiné de fromage de chèvre et d'échalote.

Canard aux figues

# Escargots en verdure

*Pour 2 personnes*

1 douzaine d'escargots
2 c. à s. de beurre
1 gousse d'ail écrasée
1 c. à s. de persil ciselé
Vin blanc sec

Feuilles de laitue romaine
Céleri-rave mariné
Poudre d'amandes
Amandes entières
Pain baguette (ficelle)

**Préparation :** Faire fondre le beurre, incorporer l'ail et les escargots et cuire pendant 5 minutes. Verser un peu de vin, au goût, pour terminer la cuisson. Former des bouchées de pain, y déposer un escargot, du beurre fondu et saupoudrer de poudre d'amandes. Garnir l'assiette de laitue et de céleri-rave.

## SUGGESTION

Remplacer le céleri-rave par des carottes râpées marinées dans l'huile et le vinaigre balsamique, ou encore, par des courgettes tranchées à la mandoline.

# Plats de charcuterie

# Salade chaude :
# Choucroute typique d'Alsace *Pour 4 personnes*

1 kg de choucroute lavée
200 g de lard fumé tranché
300 g de côtes de porc ou
300 g de palette
1 c. à t. de graisse d'oie
1 gousse d'ail
1 feuille de laurier

8 baies de genièvre
1 oignon
2 clous de girofle
1/2 litre de bouillon de volaille
1 verre de vin Riesling
4 pommes de terre
4 saucisses de Strasbourg

*Préparation :* Rincer la choucroute à grande eau et déposer la moitié dans un chaudron en inox (genre fait-tout) dont on aura garni le fond avec du lard fumé en tranches. Ajouter l'ail, la feuille de laurier, les baies de genièvre, l'oignon et les clous de girofle et recouvrir avec le reste de choucroute, puis arroser avec un verre de vin et du bouillon. Laisser mijoter 2 heures, puis ajouter les pommes de terre coupées en morceaux et la graisse d'oie; ajouter de l'eau si nécessaire. Poursuivre la cuisson encore 1 heure, en ajoutant la viande et le reste du lard en morceaux. Une quinzaine de minutes avant la fin de la cuisson, incorporer les saucisses de Strasbourg.

Quantités suggérées de choucroute :
2 kg pour 8 à 10 personnes; 1,5 kg pour 6 personnes.

## SUGGESTIONS

Si on désire une saveur moins acide, verser un verre de bière à la place du vin blanc.

Remplacer la graisse d'oie par du gras de canard

# Salade aux saucisses de chevreau

*Pour 2 personnes*

4 saucisses de chevreau (tomates
et basilic)

1 tasse de tomates cerises

1 tasse d'oignons rouges et de
poivrons (vert et rouge)

2 c. à s. de basilic frais

Feuilles de laitue romaine

25 g d'olives noires

**VINAIGRETTE**

2 c. à s. d'huile de pépins de raisin

1 c. à t. de vinaigre de vin rouge

1 c. à t. de fromage parmesan râpé

1 c. à t. de basilic frais haché

1 c. à t. de tomates séchées

Sel et poivre

*Préparation :* Tremper les tomates
séchées dans l'eau chaude (2 c. à s.)
30 minutes pour les attendrir. Fouetter
les ingrédients de la vinaigrette dans
un saladier. Cuire les saucisses sur
une plaque antiadhésive. Ajouter un
jet d'huile au besoin car le chevreau
est une viande très maigre. Trancher
l'oignon et les poivrons et couper
les feuilles de laitue. Rassembler tous
les ingrédients dans un saladier.
Ajouter les saucisses tièdes coupées
en bouchées. Touiller pour bien
enrober. Servir dans des bols à salade.

# Saucisson calabrais en salade

*Pour 2 personnes*

6 tranches de saucisson calabrais
1 poivron orange
8 tomates cerises
Laitue frisée
1 poignée de champignons café
1 concombre

### VINAIGRETTE

1 c. à s. d'huile de pépins de raisin
1/4 c. à t. de moutarde de Dijon
1 c. à t. de vinaigre balsamique
Ail rôti

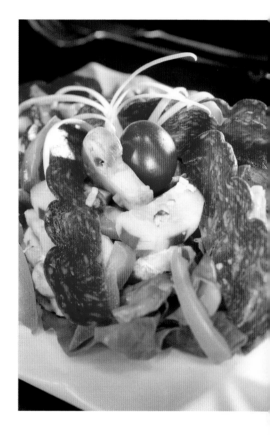

***Préparation :*** Dans un saladier, fouetter les ingrédients de la vinaigrette. Couper le poivron et les champignons en lamelles. Rassembler les légumes dans le saladier et verser la vinaigrette. Assaisonner au goût. Garnir les assiettes de feuilles de laitue et disposer les légumes avec les tranches de saucisson. Servir avec du pain à grain entier ou des biscottes.

***Remarque :*** *C'est la ville de Calabre, en Italie, qui a hérité d'une technique apportée par les colonisateurs grecs. La fabrication de charcuterie remonte aux origines de la Grèce antique. Les saucissons sont faits de viande de porc et de vin de la région, ce qui leur donne un goût intense et délicat.*

## SUGGESTION

On peut utiliser des mélanges de bébés laitues (Mesclun) et les combiner avec les légumes.

# Salade au salami

*Pour 2 personnes*

150 g de charcuterie (salami hongrois ou suisse, saucisson à l'ail)

125 g (1 tasse) de petites betteraves cuites

2 variétés de pommes

Laitue Boston

1 brin d'aneth frais

**SAUCE À SALADE**

1 c. à s. de crème sûre

1 c. à s. de yogourt nature

Aneth frais ciselé

Sel et poivre

*Préparation :* Couper les pommes en petits cubes. Les mettre dans un saladier avec le salami coupé en lamelles d'un centimètre (environ 1/4 de po). Ajouter la sauce, l'aneth ciselé et bien mélanger. Assaisonner au goût. Servir sur un lit de laitue; garnir avec un brin d'aneth.

## VARIANTE ET SUGGESTION

**SAUCE À SALADE À L'AVOCAT**

1/2 avocat

4 c. à s. de yogourt

1/2 gousse d'ail écrasée

2 pincées de cumin (facultatif)

1 c. à t. de citron

4 c. à s. d'eau

*Préparation :* Mélanger tous les ingrédients dans un robot culinaire. Servir immédiatement. Comme l'avocat s'oxyde rapidement, cette sauce à salade risque de changer de couleur en moins de 24 heures. À consommer le plus vite possible !

Ajouter des quartiers de pamplemousse rose à cette salade à la sauce d'avocat. Le mélange de saveurs surprend agréablement. Les saucisses merguez pourraient faire un mariage intéressant avec la sauce originale au yogourt et à la crème sûre.

# Salade sportive express

*Par personne*

1 saucisse au fromage suisse
Laitues mélangées
Chou rouge mariné dans le vin

Céleri-rave mariné
Huile de colza ou d'olive de
    première pression

**Préparation :** Cuire la saucisse préalablement bouillie 2 minutes dans un poêlon. On peut la couper en rondelles pour une cuisson plus rapide. Ajouter un filet d'huile au mélange de laitues et touiller. Garnir une assiette avec le mélange de laitues, la saucisse et le chou et le céleri-rave marinés.

## SUGGESTION

On peut préparer ce plat avec autant de saucisses différentes qu'on peut en trouver en charcuterie. Cependant, ne pas abuser de ces produits car ils sont très salés et contiennent des agents de conservation.

# Salade de jambon québécoise

*Pour 2 personnes*

200 g de jambon cuit
2 pommes de terre cuites
4 cornichons sucrés
Tomates cerises jaunes ou rouges
2 c. à s. d'olives vertes

Persil
Feuilles de laitue
Mayonnaise maison
1 c. à t. de moutarde (facultatif)
Sel et poivre de Cayenne

*Préparation :* Couper le jambon, les tomates et les pommes de terre en cubes. Déposer dans un saladier. Ajouter les cornichons coupés finement et brasser en incorporant la mayonnaise, une cuillerée à la fois. Assaisonner au goût. Garnir de persil frais. Réfrigérer quelques heures si possible avant de servir dans une assiette garnie de feuilles de laitue.

# Salade pique-nique de jambon à l'érable

*Par personne*

75 g de jambon fumé à l'érable
   (3 tranches)

1/2 avocat

1 petite orange en quartiers

1 tasse de légumes variés
   (brocoli, courgette, etc.)

**VINAIGRETTE**

2 c. à t. d'huile de pépins de raisin

1 c. à t. de vinaigre balsamique
   blanc ou de jus de citron

1/2 c. à t. de moutarde de Dijon
   à l'estragon

Pincée de romarin en poudre ou de
   romarin frais haché finement

Zeste d'orange

Laitue

*Préparation :* Fouetter les ingrédients de la vinaigrette dans un saladier. Couper les légumes en morceaux. Blanchir le brocoli, si désiré. Incorporer tous les légumes et les quartiers d'orange dans le saladier. Mélanger. Enrouler les tranches de jambon et les couper en petites bouchées. Déposer les rouleaux de jambon sur la salade au moment de servir.

SUGGESTION

Si on n'a pas de moutarde à l'estragon, utiliser la moutarde de Dijon régulière à laquelle on ajoute de l'estragon séché ou frais ciselé.

# Salade sauvage

*Par personne*

1 saucisse de bison
Mesclun
3 champignons crus

## VINAIGRETTE

1 c. à t. d'huile d'olive
Un filet de jus de citron
1/2 c. à t. de vinaigre balsamique
Graines d'anis moulues
Sel et poivre fraîchement moulu

***Préparation :*** Couper la saucisse en deux et une autre fois sur la longueur. Faire griller les morceaux de saucisse à plat; les retourner après 3 à 5 minutes, selon l'intensité du feu. Dans un bol, fouetter les ingrédients de la vinaigrette. Saler et poivrer. Incorporer la laitue et les champignons. Brasser. Servir la saucisse tiédie sur un lit de laitue.

## SUGGESTIONS

On peut agrémenter cette salade avec d'autres légumes crus, des têtes de violon par exemple (en saison).

Faire revenir dans du beurre des girolles ou des chanterelles pour accompagner la saucisse de bison en salade.

# Gendarmes en salade

*Pour 2 personnes*

4 gendarmes au bœuf
100 g de fromage suisse
1 poire chinoise ou Bosc
Mesclun

### VINAIGRETTE

1 c. à s. d'huile de pépins de raisin
1/2 à 1 c. à t. de vinaigre de vin
  aux framboises
Menthe hachée ou estragon frais
  ou séché
Sel et poivre fraîchement moulu

*Préparation :* Couper la poire en quartiers et le fromage en cubes. Émulsionner la vinaigrette dans un bol à salade. Rassembler tous les ingrédients et mélanger. Servir les gendarmes sur la salade.

## SUGGESTION

Remplacer la poire par une pomme; l'huile de pépins de raisin par de l'huile de soya biologique.

# Prosciutto et chèvre en salade

*Pour 2 à 3 personnes*

4 tranches de prosciutto
100 g de fromage de chèvre aux
   tomates séchées
1 kaki
Laitue romaine

**VINAIGRETTE**

2 c. à s. d'huile d'olive
1/2 à 1 c. à t. de jus de lime
1 c. à t. de vinaigre balsamique
   blanc ou rouge
1 tomate séchée
Pincée de fines herbes
Sel et poivre fraîchement moulu

*Préparation :* Couper le kaki en bouchées et le jambon italien en lamelles et former de petites boules avec le fromage de chèvre. Couper la laitue en morceaux. Pour la vinaigrette, tremper la tomate séchée dans l'eau chaude et couper en petits morceaux. Fouetter la vinaigrette dans un saladier. Assaisonner au goût. Incorporer tous les éléments de la salade en réservant le fromage pour la garniture. Garnir les assiettes avec la salade et déposer les boules de fromage dessus au moment de servir.

## SUGGESTIONS

On trouve sur le marché des fromages de chèvre aromatisés aux tomates séchées ou aux fines herbes qui sont conservés dans l'huile végétale. Ils sont pratiques tout en apportant une note savoureuse à une salade comme celle-ci.

Si on n'a pas de kaki sous la main, remplacer par du cantaloup.

# Salade de jambon et Migneron de Charlevoix

*Pour 2 personnes*

3 à 4 tranches de jambon de veau

100 g de fromage Migneron demi-ferme

1 mandarine en quartiers

Pousses d'épinards

**VINAIGRETTE**

1 c à s. d'huile d'olive

1/2 c. à t. de jus de citron

1/4 c. à t. de moutarde de Dijon

Sel et poivre

*Préparation :* Trancher le jambon en lanières et le fromage en petits cubes. Dans un saladier, fouetter les ingrédients de la vinaigrette. Assaisonner au goût. Rassembler tous les éléments de la salade et brasser délicatement. Servir.

## SUGGESTION

Ajouter des noix de Grenoble ou des noisettes. Agrémenter la laitue en ajoutant de l'arugula (roquette sauvage), pour une saveur piquante originale.

# Plats de volaille

# Salade de foies de poulet au bacon

*Pour 2 personnes*

4 foies de poulet

4 tranches de bacon

2 c. à t. d'oignons émincés

10 tomates cerises

1 c. à t. de câpres

Feuilles de laitue romaine

Sel et poivre

**VINAIGRETTE CRÉMEUSE**

1 c. à s. de crème sûre

2 c. à s. d'huile d'olive

1/4 c. à t. d'ail écrasé

1/4 c. à t. de moutarde de Dijon

Pincée de romarin ou de thym

Sel et poivre fraîchement moulu

*Préparation :* Cuire les tranches de bacon au goût. Les mettre de côté sur du papier absorbant; couper en morceaux. Conserver une partie du gras et faire revenir les oignons quelques minutes à feu moyen avant de faire cuire les foies de poulet environ 2 minutes de chaque côté, pour qu'ils soient encore rosés à l'intérieur. Les déposer sur du papier absorbant avant de découper en bouchées, au goût. Rincer et essorer la laitue; couper en morceaux. Dans un saladier, émulsionner les ingrédients de la vinaigrette, puis combiner les légumes, le bacon et les oignons grillés. Ajouter les foies en dernier, puis mélanger délicatement. Assaisonner au goût. Garnir de câpres, de tomates cerises et d'un brin d'herbes fraîches.

## SUGGESTION

Si on préfère ne pas se servir du gras de bacon, ajouter un peu d'huile végétale (colza) pour cuire les foies de poulet avec les oignons.

# Salade de chou au poulet *Pour 2 à 3 personnes*

200 g de poulet cuit en morceaux

200 g (2 tasses) de chou râpé
(mélange déjà préparé)

1/2 c. à s. d'oignons rouges
émincés

2 c. à s. de persil ciselé

1/2 c. à t. de graines de céleri

2 à 3 c. à s. de mayonnaise

1 à 2 c. à s. de crème sûre

1 c. à t. de moutarde de Dijon

Sel et poivre fraîchement moulu

***Préparation :*** Dans un saladier,
mélanger une partie de mayonnaise
avec une partie de crème sûre, la
moutarde et les graines de céleri.
Assaisonner au goût. Incorporer
les morceaux de poulet et tous les
légumes. Bien brasser. Ranger au
réfrigérateur quelques heures avant
de servir.

## SUGGESTIONS

On peut préparer ce mélange
maison avec du chou râpé
(1 1/2 tasse à 2 tasses) mélangé
avec des carottes râpées
(1/2 tasse) et incorporer du
chou rouge ou du radicchio.

Remplacer le poulet par de la
dinde, c'est tout aussi délicieux.

# Salade julienne au poulet

*Pour 2 personnes*

250 g de poulet cuit

1 concombre

1 carotte moyenne

1 échalote

1 piment vert

4 feuilles de laitue chinoise Nappa
ou de laitue en feuilles

**VINAIGRETTE**

1 c. à s. d'huile de soya

1/8 c. à t. d'huile de sésame

1 petite gousse d'ail écrasée

1/2 c. à t. de gingembre haché
finement

1 c. à t. de vinaigre de riz

1 c. à t. de sauce soya

1 c. à t. de graines de sésame

*Préparation :* Couper tous les légumes en julienne et les mettre dans un saladier. Préparer la vinaigrette en mélangeant tous les éléments. Trancher le poulet et le combiner avec les légumes. Verser la vinaigrette et bien amalgamer le tout. Servir immédiatement en saupoudrant de graines de sésame légèrement grillées.

# Salade minceur au poulet
*Pour 2 personnes*

250 g de poulet à fondue
1 gousse d'ail émincée
1 c. à s. de persil haché fin
4 champignons tranchés
1 petit oignon émincé
1 c. à s. de beurre
Sel et poivre fraîchement moulu
Mesclun

## VINAIGRETTE

1 c. à t. d'huile d'olive
1 c. à s. de vinaigre balsamique
1 c. à t. de moutarde de Dijon
Sel et poivre fraîchement moulu

## VARIANTE NO 1

1 boîte de consommé (284 ml/10 oz)
1 boîte d'eau
1 feuille de laurier

## VARIANTE NO 2

Huile d'olive ou d'arachide

**Préparation *(variante no 1)* :** Verser le consommé et l'eau dans un fait-tout et amener à ébullition à feu élevé. Ajouter la feuille de laurier. Quand le consommé est bouillant, cuire le poulet en le retournant rapidement, en se servant d'une fourchette, et déposer les tranches cuites dans une assiette. Faire cuire l'oignon émincé, l'ail et les champignons tranchés quelques minutes. Utiliser une passoire pour les récupérer et conserver le bouillon. Dans un saladier, mélanger l'huile, le vinaigre, la moutarde, le sel et le poivre. Bien émulsionner. Ajouter le poulet et les légumes et bien mélanger. Saupoudrer de persil et servir sur la laitue.

**Préparation *(variante no 2)* :** Chauffer un poêlon et ajouter un peu d'huile d'olive ou d'arachide. Faire sauter le poulet très rapidement avec l'ail, le persil et mettre de côté. Faire sauter les champignons avec l'oignon quelques minutes. Rassembler les ingrédients une fois tièdes dans un bol à salade avec la laitue. Verser la vinaigrette. Touiller et servir.

## SUGGESTION

Faire mariner le poulet dans la vinaigrette 1 heure avant la cuisson. Pour un goût sucré, ajouter du zeste d'orange ou de citron. Pour une marinade plus épicée, on peut ajouter un peu de sauce Tabasco ou de piment chili.

# Salade douce au poulet et à la mangue

*Pour 2 personnes*

300 g de poulet cuit
1 mangue mûre
Cœurs de palmier
1 échalote
1 poignée de tomates cerises
Brins de coriandre

1 c. à s. d'huile
1 c. à t. de jus d'orange
1 c. à t. de jus de citron
Laitue Boston
Sel
Poivre de Cayenne (facultatif)

**Préparation :** Couper le poulet en petits cubes et les cœurs de palmier et l'échalote en rondelles. Couper la mangue en morceaux d'environ 2 cm. Ciseler les brins de coriandre. Dans un saladier, verser l'huile, le jus d'orange et le jus de citron, mélanger et assaisonner au goût. Ajouter le poulet, la mangue et les légumes et touiller. Disposer la laitue dans 2 assiettes. Y déposer le mélange et servir.

## SUGGESTION

Essayer de jeunes pousses de laitue Arugula, mieux connue sous le nom de roquette. Cette laitue a un goût poivré qui rehausse les salades agrémentées de fruits.

# Salade à la dinde au fenouil *Par personne*

125 g de dinde cuite

1/2 bulbe de fenouil

2 branches de céleri

1/2 tasse de pois verts cuits

1 échalote hachée

2 litchis

1 carambole

Mayonnaise maison

Jus de limette

Sel et poivre fraîchement moulu

*Préparation :* Couper le céleri, le fenouil et les litchis en morceaux. Découper la dinde en bouchées; les fixer au moyen de cure-dents. Dans un saladier, rassembler les légumes en y ajoutant une partie de la mayonnaise. Incorporer le jus de limette et une deuxième part de mayonnaise, jusqu'à la consistance crémeuse désirée. Assaisonner. Les pois peuvent être ajoutés au mélange ou disposés dans l'assiette de service. Garnir de tranches de carambole.

## SUGGESTION

Préparée à l'avance, cette salade se conservera au réfrigérateur quelques jours, dans un contenant hermétiquement scellé. Pour varier, utiliser du poulet, remplacer les litchis par des raisins verts tranchés et saupoudrer le tout de paprika au moment de servir. Servir sur des feuilles de laitue Boston ou Iceberg finement hachée, ou de la romaine en morceaux.

*Remarque :* Compter 3 à 4 litchis frais pour 2 litchis en conserve.

# Salade forestière parfumée à la truffe

*Pour 2 personnes*

3 à 4 œufs
2 portions de broco-fleur
1 courgette
10 pointes d'asperges blanches
Feuilles de chou frisé (kale)
Huile d'olive parfumée à la truffe

**VINAIGRETTE**

1 c. à s. d'huile de pépins de raisin
1 c. à t. de vinaigre balsamique
  blanc
Une pincée d'herbes de Provence
Brins de ciboulette (facultatif)
Sel et poivre fraîchement moulu

*Préparation :* Fouetter les œufs et ajouter quelques gouttes d'huile parfumée à la truffe. Chauffer une grande poêle antiadhésive. Verser l'omelette et l'assaisonner. La replier à mi-cuisson. Couper en lanières une fois tiède. Trancher la courgette à la mandoline. Blanchir les têtes de broco-fleur et les pointes d'asperges. Émulsionner les ingrédients de la vinaigrette. Assaisonner au goût. Faire un lit de feuilles de kale; disposer les légumes tièdes autour de l'omelette coupée en lanières et verser la vinaigrette sur les légumes, ou l'offrir à part.

## VARIANTE ET SUGGESTIONS

Pour la vinaigrette, remplacer l'huile de pépins de raisin par de l'huile d'olive et un filet de jus de citron. Choisir d'autres herbes pour modifier la saveur : brins d'estragon ou menthe fraîche hachée.

On peut parfumer les œufs pour l'omelette en les conservant quelques jours dans un contenant hermétique au réfrigérateur avec des truffes. Les œufs se parfumeront naturellement.

Remplacer les asperges blanches par des asperges vertes, selon la disponibilité.

# Salade de poulet et rapini
*Pour 2 personnes*

4 pilons de poulet

1 tasse de rapini

1 feuille de laurier

6 tomates italiennes

6 à 8 feuilles de basilic frais

1 gousse d'ail hachée finement

2 c. à s. d'huile d'olive

2 c. à s. d'olives noires tranchées

1 c. à t. de jus de citron

Sel et poivre fraîchement moulu

**Préparation :** Couper les tomates en morceaux. Préparer le rapini en coupant les tiges pour en conserver environ 8 cm (3 po). Faire cuire les pilons de poulet environ 15 minutes dans l'eau bouillante avec la feuille de laurier. Plonger le rapini 2 minutes dans la même eau de cuisson que le poulet. Le retirer quand il est al dente. Déposer dans un bol avec la moitié des tomates. Arroser de jus de citron et d'un filet d'huile d'olive, puis transférer dans une assiette de service. Chauffer un poêlon et y verser un peu d'huile d'olive pour faire sauter le poulet quelques minutes à feu vif avec l'autre moitié des tomates, l'ail et le basilic. Poursuivre la cuisson environ 15 minutes de plus à feu moyen ou jusqu'à ce que le poulet se défasse facilement. Ajouter de l'huile au besoin et assaisonner. Tiédir. Déposer le poulet sur le mélange de rapini et de tomates et garnir d'olives.

## VARIANTE ET SUGGESTION

### SALADE DE BROCOLI ET D'ÉPINARDS
Ajouter du poulet cuit, du brocoli et des épinards

**Préparation :** Utiliser des restes de poulet cuit sans peau. Détacher les bouquets de brocoli et couper les tiges en fins bâtonnets. Les faire sauter avec le poulet quelques minutes dans un peu d'huile d'olive, de l'ail haché et du basilic. Ajouter un peu d'huile au besoin. Couper les tomates et les épinards; verser du jus de citron et un filet d'huile d'olive. Disposer dans une assiette. Servir le poulet au brocoli tiède sur les légumes crus.

**Saupoudrer de parmesan râpé au moment de servir.**

# Salade à la dinde et aux canneberges

*Pour 2 personnes*

2 poitrines de dinde

Champignons tranchés (facultatif)

Jus de canneberge

Mesclun

6 cerneaux de noix

Canneberges séchées

### VINAIGRETTE

1 1/2 c. à s. d'huile de noix (ou de soya ou de colza)

1 c. à s. de jus de canneberge

1 pincée de poudre d'ail

1 pincée de fines herbes

Sel et poivre fraîchement moulu

*Préparation :* Faire des incisions sur toute la longueur dans les poitrines de dinde. Trancher les champignons. Chauffer un poêlon et verser un peu d'huile de noix. À feu moyen, faire griller les poitrines, en ajoutant du jus de canneberge en fin de cuisson. Faire sauter les champignons et ajouter une poignée de canneberges séchées en fin de cuisson. Assaisonner. Une fois cuit, laisser tiédir le tout. Préparer la vinaigrette en fouettant tous les ingrédients; verser l'émulsion sur les noix et la laitue dans un saladier. Touiller délicatement. Servir la dinde (coupée en morceaux) en l'incorporant à la salade ou déposer les poitrines dessus.

## SUGGESTION

On peut aussi se servir des canneberges séchées pour garnir la salade.

# Salade de canard aux pommes

*Pour 2 personnes*

1 magret de canard

Mâche

2 pommes Russet tranchées

Groseilles

Jus de citron

### VINAIGRETTE

1 c. à s. d'huile de colza ou de
pépins de raisin

1 c. à t. de jus de pomme

1/4 c. à t. de vinaigre de xérès

Jus d'un quart de citron

Un doigt de miel

Pincée de piment d'Espelette

***Préparation :*** Dans un bol cul-de-poule en verre ou en inox, préparer la vinaigrette au jus de pomme ; bien émulsionner. À la poêle, faire griller le canard à feu moyen, après avoir pris soin d'entailler la peau et la graisse en diagonale. Éviter de le retourner. Laver et essorer la laitue. Couper les pommes en quartiers et les enduire de jus de citron. Dans une assiette de service, déposer le magret préalablement tranché et disposer la laitue et les quartiers de pomme tout autour. Garnir de groseilles fraîches. Servir la vinaigrette à part.

*Remarque : Veiller à ne pas servir une vinaigrette trop assaisonnée, ce qui aurait pour effet de masquer la saveur du magret de canard.*

## VARIANTE ET SUGGESTION

Garnir deux assiettes de laitue et de quartiers de pomme enrobés de vinaigrette. Disposer les tranches de canard sur l'un des côtés de l'assiette.

Remplacer les groseilles par des raisins rouges ou des mûres ; le vinaigre de xérès par du vinaigre de cidre ou balsamique.

# Salade de poulet à l'ananas épicée

*Par personne*

1 poitrine de poulet
1 petit oignon
1/2 gousse d'ail
2 c. à s. d'huile d'arachide
1 tasse d'ananas en morceaux
1 c. à t. de cardamome
Turmérique
Cannelle
Gingembre

Coriandre hachée finement
   (facultatif)
Poivre de Cayenne
2 c. à s. de persil haché
Céleri-rave
1 poignée de canneberges séchées
Laitue Boston
Crème sûre
Mayonnaise

**Préparation :** Mettre une c. à s. d'huile dans un poêlon. À feu moyen, faire dorer l'oignon environ 5 minutes en remuant constamment. Ajouter toutes les épices et l'ail. Bien mélanger et poursuivre la cuisson en brassant. Couper le blanc de poulet en belles lanières de 2 cm (moins d'un pouce). Les faire sauter à feu moyen à élevé avec l'ananas, en arrosant d'un peu d'huile au besoin. Cuire environ 5 minutes; ajouter la coriandre. Le poulet ne doit pas être rosé à l'intérieur. Râper le céleri-rave et le combiner avec la crème sûre et de la mayonnaise. Incorporer les canneberges. Assaisonner au goût. Disposer la laitue dans les assiettes et y déposer le poulet et les légumes.

## SUGGESTION

On peut remplacer la crème sûre par du yogourt nature, les canneberges par des raisins secs et le céleri-rave par des carottes râpées.

# Salade de poulet et carottes épicée

*Pour 2 personnes*

300 g de poitrine de poulet
250 g (2 tasses) de carottes
　à la parisienne
2 tranches d'oignon d'Espagne
1/2 c. à t. de gingembre
1/2 c. à t. de curry
Une pincée de cannelle
Une pincée de garam masala

4 c. à s. d'huile de soya ou
　de colza
1 orange
Pousses d'épinards
1 c. à t. de raisins secs
Sel
Poivre de Cayenne

**Préparation :** Cuire les carottes dans l'eau salée. Laisser tiédir. Faire une marinade en pressant le jus d'une orange; verser 4 c. à s. de jus dans le saladier et ajouter les épices et l'huile. Faire une émulsion. Couper le poulet en morceaux. Déposer dans le saladier avec les oignons. Verser 2 à 3 c. à s. de marinade à l'orange. Mettre au réfrigérateur au moins 1 heure. Dans un poêlon, chauffer 1 c. à s. d'huile. À feu moyen-vif, faire sauter le poulet et les oignons 2 à 3 minutes ou jusqu'à ce que le poulet soit cuit. Assaisonner au goût. Retirer du feu et laisser tiédir. Déposer les carottes et le poulet épicé dans le saladier. Garnir les assiettes avec les pousses d'épinards; verser dessus le reste de la marinade avant de déposer le poulet. Servir avec une cuillerée de yogourt, si désiré, et garnir de raisins secs

*Remarque : La marinade sert également de vinaigrette. On peut faire mariner les raisins secs avec le poulet. Ils seront plus tendres. On ajoute alors un peu plus de jus d'orange (environ 1 c. à s.).*

# Poulet express au citron et au romarin

*Par personne*

125 g de poulet cuit
1 courgette jaune tranchée
2 rondelles d'oignon
1 c. à t. de zeste de citron
1 à 2 c. à s. de crème de table
Huile d'olive en vaporisateur
2 petits brins de romarin (frais)
Laitue en feuilles

Olives noires

### SAUCE À SALADE (FACULTATIF)

1/4 c. à t. d'ail haché
Une pincée de romarin en poudre ou
    de romarin frais haché finement
1 c. à s. de crème sûre

**Préparation :** Dans un poêlon, faire sauter quelques minutes les rondelles d'oignon dans un filet d'huile d'olive avec un peu de zeste de citron; incorporer le poulet cuit coupé en bouchées. Ajouter un petit brin de romarin frais. Brasser. Ajouter ensuite 1 à 2 c. à t. de crème. Assaisonner. Laisser tiédir. Trancher la courgette à la mandoline et former de petits rouleaux sur lesquels vaporiser de l'huile d'olive. Les disposer sur un lit de feuilles de laitue. Déposer dessus le poulet au romarin. Garnir d'olives noires, d'un brin de romarin et vaporiser la laitue d'huile d'olive.

## SUGGESTION

Varier la présentation en incorporant à la sauce tous les ingrédients, y compris la laitue en morceaux et les rondelles de courgette.

# Plats de poisson

# Salade de poisson grillé à la crème

*Pour 2 personnes*

Laitue romaine
Brins de coriandre
2 tomates
250 g de poisson à chair ferme
  (requin, espadon)

### MARINADE

4 c. à t. de crème sûre
1/2 c. à t. de moutarde de Dijon
3 tomates séchées

### VINAIGRETTE

1 c. à s. d'huile d'olive
1 c. à t. de vinaigre balsamique
  blanc
1/2 c. à t. de jus de citron (au goût)
1/2 c. à t. d'ail rôti
Sel et poivre fraîchement moulu

*Préparation :* Enrober le poisson d'un mélange fait de crème sûre, de tomates séchées coupées en fins morceaux, de moutarde, de sel et de poivre fraîchement moulu. Laisser macérer au réfrigérateur 1 à 3 heures. Fouetter les ingrédients de la vinaigrette dans un bol et rectifier l'assaisonnement. Incorporer la laitue et les tomates et bien mélanger (au moment de servir). Faire griller le poisson 2 à 3 minutes de chaque côté. Servir tiède en morceaux ou entier avec la salade à l'ail rôti.

## SUGGESTIONS

Tremper les tomates séchées dans l'eau chaude si on les aime plus tendres. Les tomates séchées conservées dans l'huile sont ramollies et peuvent être employées telles quelles.

La vinaigrette peut être servie à part. La moutarde de Dijon à la provençale apporte une variante savoureuse à cette recette de poisson à la crème et aux tomates séchées.

# Salade de poisson cajun

*Pour 2 personnes*

350 g de poisson blanc à chair
    ferme (morue, truite, dorade)
Mélange d'épices cajun
2 c. à s. de beurre fondu
    (facultatif)
1/2 tasse de poivrons
    (rouge et vert)
1/4 tasse d'oignons espagnol
Huile d'olive

### SAUCE À SALADE CRÉMEUSE

1 c. à s. de fromage à la crème
2 à 3 c. à t. de crème
1 c. à t. d'huile de pépins de raisin
1/2 c. à t. de vinaigre balsamique
    blanc
1/4 c. à t. de moutarde de Dijon
1 c. à s. de persil frais (facultatif)
Sel et poivre fraîchement moulu
Laitues mélangées

**Préparation :** Couper les légumes en lanières. Chauffer un poêlon anti-adhésif et faire griller le poisson assaisonné environ 3 minutes de chaque côté. Il est prêt quand il commence à s'effeuiller à la fourchette. Dans un grand bol, mélanger les ingrédients de la sauce à salade au fouet ou à la fourchette. Ajouter de la crème selon la consistance désirée. Garnir les assiettes en disposant le poisson au centre, sur la laitue coupée, et faire couler du beurre fondu. Parsemer de légumes en lanières. Verser la sauce à salade sur les légumes ou la servir à part dans un petit contenant.

## SUGGESTIONS

On peut faire cuire d'autres sortes de légumes au four et les ajouter à la salade. Les badigeonner d'huile d'olive au préalable. Commencer la cuisson une dizaine de minutes avant le poisson. Ils doivent demeurer croustillants.

Le poisson se cuit aussi très bien sous le gril ou dans une poêle antiadhésive. Le faire cuire 3 à 4 minutes de chaque côté, selon l'épaisseur, à feu moyen.

# Salade de poisson à la grecque

*Pour 2 personnes*

130 g de poisson blanc ferme
(lotte, dorade, espadon)
1 concombre
2 tomates roses
1 oignon rouge
Laitues mélangées

**SAUCE À SALADE**
Yogourt nature
1/2 c. à t. de jus de citron
1 gousse d'ail écrasée
Olives noires grecques

**Préparation :** Préparer la sauce à salade en mélangeant le yogourt, la gousse d'ail écrasée et le jus de citron. Déposer le poisson coupé en cubes dans la moitié de ce mélange. Mettre au réfrigérateur au moins 1 heure. Cuire le poisson monté en brochette 2 minutes de chaque côté sur une plaque antiadhésive, ou le faire dorer à la poêle dans un peu d'huile d'olive. Couper les tomates, l'oignon et le concombre en morceaux; les mettre dans un saladier en ajoutant la sauce à salade. Saler et poivrer au goût. Garnir deux assiettes de laitue, y déposer les légumes et les cubes de poisson. Ajouter des olives.

## VARIANTE

*pour une sauce à salade sans yogourt*
*pour les brochettes et la salade*

4 c. à s. d'huile d'olive
1 gousse d'ail émincée
1 c. à t. de vinaigre de vin
1 1/2 c. à t. d'origan
1 c. à t. de zeste de citron (facultatif)

# Salade de fèves germées et d'espadon

*Pour 2 personnes*

250 g d'espadon
1 oignon
1 gousse d'ail
1/2 c. à t. de gingembre (facultatif)
4 champignons Shiitake
1 c. à s. de sauce Hoisin ou soya
1/2 poivron vert
1 branche de céleri
Brin de coriandre (facultatif)
Fèves germées
Huile d'arachide

**Préparation :** Faire tremper les champignons 30 minutes dans l'eau chaude et les éponger pour en extraire l'eau excédentaire. Badigeonner d'huile les steaks d'espadon et faire griller dans un poêlon anti-adhésif 4 minutes de chaque côté à température moyenne à élevée, avec la moitié de l'ail émincé. Déposer sur une planche à découper pour les tailler en morceaux. Ajouter de l'huile d'arachide (ou de soya) dans le poêlon et faire sauter les légumes tranchés en lamelles avec les fèves germées, le gingembre et l'ail restant. Ils doivent demeurer croustillants. Mélanger doucement le poisson avec les légumes et la coriandre ciselée (facultatif), puis verser de la sauce Hoisin ou soya au goût.

## SUGGESTION

Si on a le temps, préparer les cubes de poisson qu'on fera mariner quelques heures dans un mélange de sauce Hoisin, d'ail et d'huile.

# Salade de raie au gingembre et à l'orange

*Par portion*

150 g de raie
4 petites carottes
1 rondelle d'oignon espagnol

**SAUCE À L'ORANGE ET AU GINGEMBRE**

1 c. à s. de jus d'orange
1 c. à s. d'eau
1 c. à s. de gingembre confit
2 c. à s. d'huile d'arachide
Feuilles de laitue rouge

***Préparation :*** En se servant d'une plaque à biscuits, cuire les légumes au four à 205 °C/400 °F pendant environ 15 minutes, en les ayant au préalable enduits d'huile. Ils doivent demeurer croustillants. Couper le gingembre en petits dés. Mélanger les ingrédients de la sauce et napper le poisson avec la moitié du mélange. Laisser au réfrigérateur environ 1 heure (plus si c'est possible). Chauffer un poêlon et faire cuire le poisson 3 à 4 minutes de chaque côté, en ajoutant un peu d'huile au besoin et du jus d'orange délayé. Faire tiédir et préparer l'assiette de légumes. Déposer le poisson sur la laitue et napper les légumes avec le reste de la sauce.

## SUGGESTIONS

Recouvrir la plaque à biscuits de papier parchemin. On évitera ainsi de perdre du temps au moment du nettoyage.

On peut utiliser du gingembre frais râpé à la place de morceaux confits.

# Salade au poisson tandoori

*Pour 2 personnes*

2 portions de poisson blanc (halibut, tilapia)
1/2 tasse de yogourt faible en gras
1 c. à s. de cumin

Pincée de chili en poudre
Laitue en feuilles
Morceaux de papaye en quartiers
2 pappadums

**Préparation :** Préparer une marinade avec le yogourt et les épices. Saler au goût. Couvrir le poisson avec la moitié du mélange et laisser au réfrigérateur au moins 3 heures. Cuire au four à 175 °C/350 °F de 5 à 10 minutes, selon l'épaisseur. Conserver le reste de la marinade au réfrigérateur, qu'on pourra utiliser comme sauce à salade si on le désire. Couper le poisson en morceaux une fois cuit. Garnir 2 assiettes de laitue avec les quartiers de papaye et déposer le poisson au centre. Étendre la marinade sur les fruits et la laitue. Servir avec des pappadums.

*Remarque : Faire mariner le poisson avec du yogourt permet de conserver les valeurs nutritives du poisson en plus de le rendre plus juteux.*

SUGGESTION

Les pappadums sont de petites galettes de farine de lentilles et de riz.

# Gravlax aux fines herbes

*Par personne*

1 filet de saumon (2,5 cm/1 po d'épaisseur) avec la peau

2 c. à s. de sucre brun

2 c. à s. de gros sel

1 c. à s. de fines herbes

I trait de vodka (facultatif)

Mélange de germinations variées

1 tasse de légumes (concombre, carottes)

Oignon rouge

1 c. à t. de câpres

Huile d'olive

Vinaigre Balsamique

**Préparation :** Mélanger le sucre et le sel avec les fines herbes et la vodka. Sur une pellicule plastique ou une feuille d'aluminium, étendre la moitié du mélange. Y déposer le poisson, côté peau, et recouvrir avec le reste du mélange. Il doit être entièrement recouvert. Préparer plus de mélange au besoin. Rincer le poisson à l'eau froide après l'avoir fait séjourner 2 à 3 jours au réfrigérateur. Le saumon doit être coupé en fines tranches avec un couteau bien aiguisé, pour ne pas écraser la chair. Servir les tranches accompagnées de germinations et de légumes variés : oignons rouges, concombre et carottes tranchés à la mandoline. Parsemer de câpres. Servir la vinaigrette à part avec, pour plus de variété, de la sauce à salade crémeuse, moitié crème-moitié mayonnaise, ou à base de fromage doux. Une tranche de pain de seigle complète bien ce plat.

*Remarque : le gravlax est un plat traditionnel scandinave.*

SUGGESTION

On peut remplacer les fines herbes par de l'aneth frais, de la coriandre et de la ciboulette ou des épices cajun, selon les préférences.

# Tartare de saumon aux herbes fraîches

*Par personne*

80 à 100 g de saumon frais
Herbes fraîches (ciboulette, aneth, persil)
Jus de citron et de lime

Poivre rose
Sel de mer
Huile d'olive
Laitue Mesclun

**Préparation :** Couper le saumon en petits dés. Dans un bol en inox ou en verre, préparer la marinade puis y incorporer le saumon. Utiliser un petit récipient pour façonner le tartare et mettre au réfrigérateur. Une heure avant de servir, garnir une assiette de laitue en ajoutant un filet d'huile d'olive et du vinaigre balsamique, au goût. Assaisonner. Renverser le tartare dans l'assiette au moment de servir.

*Remarque : Plus on attend pour servir le tartare, plus il cuit par l'action du jus de citron; sa couleur changera.*

## SUGGESTION

Déposer des œufs de saumon sur le dessus du tartare pour varier la présentation.

# Tartare de thon

*Pour 2 personnes*

200 à 250 g de thon frais
2 c. à t. de jus de citron
1 1/2 c. à s. d'huile d'olive
3 tomates séchées réhydratées
1 c. à t. de câpres (facultatif)
1 jaune d'œuf (moyen)
1/2 c. à t. de ciboulette séchée
   (ou 1 c. à t. de ciboulette fraîche)
Sel et poivre
Laitue en feuilles

**Préparation :** Couper le thon en petits dés. Hacher la ciboulette et couper les tomates séchées, préalablement trempées, en petits morceaux. Dans un bol, fouetter l'œuf. Incorporer les herbes, les tomates séchées, l'huile et le citron et bien mélanger. Assaisonner. Ajouter le thon au mélange. Mettre au réfrigérateur quelques heures. Dans une assiette profonde, faire un nid de laitue et déposer le tartare au centre. Garnir de tomates cerises. Offrir une vinaigrette à part ou de l'huile d'olive et du vinaigre balsamique.

## SUGGESTION

**VINAIGRETTE**

1/2 c. à t. de fines herbes
1 c. à s. d'huile d'olive
1/2 c. à t. de jus de citron ou de lime
Sel et poivre fraîchement moulu

# Salade de saumon fumé et fromage blanc
*Par personne*

50 g (2 à 3 tranches) de saumon
  fumé
Cœurs de palmier
1 cœur de laitue Boston
1 tomate
Ciboulette hachée

**VINAIGRETTE AU FROMAGE**

2 c. à s. de fromage cottage
2 c. à s. de yogourt nature
1/2 c. à s. de vinaigre balsamique
  blanc
Moutarde de Dijon
Eau
Sel et poivre fraîchement moulu

*Préparation :* Dans un bol, mélanger les ingrédients de la vinaigrette, en ajoutant un peu d'eau au besoin pour obtenir une sauce onctueuse. Assaisonner au goût. Couper les cœurs de palmier en rondelles et la tomate en quartiers. Former des rouleaux avec les tranches de saumon fumé. Ouvrir le cœur de la laitue pour recevoir les rouleaux de saumon. Compléter l'assiette en disposant les cœurs de palmier et les quartiers de tomate. Verser la sauce à salade sur les légumes au moment de servir. Garnir de ciboulette fraîche hachée.

## SUGGESTIONS

La truite fumée est excellente et remplace aussi bien le saumon.

On peut remplacer le fromage cottage par du ricotta maigre. L'aneth frais haché est délicieux avec du poisson fumé.

Accompagner ce plat de tranches de bagel rôties ou de pain de seigle à grain entier.

# Salade chaude de poisson « style » oriental

*Pour 2 personnes*

2 darnes de poisson à chair ferme
    et blanche (tilapia, dorade)
Brins de coriandre ciselée
Légumes variés (châtaignes d'eau,
    céleri, pois mange-tout, échalote,
    poivron)
Laitue Bok Choy
Huile d'arachide
Sauce soya

**VINAIGRETTE AU SOYA**

3 c. à s. d'huile de soya ou de colza
1/2 c. à t. d'huile de sésame
1/2 c. à t. de vinaigre de riz
1/2 c. à t. de jus de citron ou
    de lime
Gingembre frais
1 c. à t. de tamari ou de sauce soya
1 gousse d'ail hachée (facultatif)

**Préparation :** Fouetter tous les ingrédients de la vinaigrette dans un bol en verre ou en inox. Chauffer une poêle (ou un wok) et y ajouter un filet d'huile d'arachide. Faire dorer le poisson avec un peu de vinaigrette. On ajoute la coriandre en fin de cuisson seulement, quand la chair commence à se détacher à la fourchette. Couper le poisson en bouchées et le mettre de côté. Faire sauter les légumes avec le reste de la vinaigrette, en ajoutant un peu d'huile au besoin; ils doivent rester croustillants. Arroser de jus de lime et de sauce soya, au goût. Disposer les légumes joliment dans l'assiette et servir chaud.

## SUGGESTION

La vinaigrette peut très bien servir de marinade. Faire mariner le poisson (ou encore, du poulet ou du porc) 1 à 3 heures avant la cuisson.

*Remarque : L'huile de sésame a une saveur envahissante. Ajuster la quantité selon les préférences personnelles.*

# Poisson en tempura à la bière

*Pour 2 personnes*

250 à 300 g de poisson blanc
(sébaste, aiglefin, éperlan)

Farine tempura

Bière glacée ou eau

Huile à friture (colza, arachide)

1 feuille de nori

Germinations et légumes variés
(concombre, oignon, fenouil)

Laitue chinoise

Tranches de lime

**VINAIGRETTE WASABI**

1 c. à s. d'huile de soya

1/2 c. à t. de poudre Wasabi

1 c. à t. de vinaigre à sushi (vinaigre de riz)

***Préparation :*** Trancher les légumes à la mandoline, au robot culinaire ou à la râpe et garnir les assiettes. Émulsionner les ingrédients de la vinaigrette. Préparer la pâte tempura selon les instructions du fabricant. Elle ne doit être ni trop claire ni trop épaisse. Ajouter de l'eau au besoin. Couper la feuille de nori en petites lamelles qui seront incorporées à la pâte. Chauffer l'huile dans une friteuse ou dans un poêlon. Tester la température de l'huile en laissant tomber une 1/2 c. à t. de pâte. Si la pâte remonte à la surface en conservant sa forme, cela signifie que la température est idéale pour la friture. Enrober le poisson coupé en morceaux dans la pâte. Plonger dans l'huile. Les égout-ter sur du papier absorbant et disposer dans les assiettes. Verser un peu de vinaigrette Wasabi à proximité des légumes. Servir accompagné de tranches de lime.

***Remarque :*** *Lorsqu'on fait de la friture dans un poêlon, il faut surveiller la température de l'huile : elle doit toujours demeurer à la même température afin que le poisson cuise bien à l'intérieur et pour que la panure soit dorée.*

## SUGGESTION

On peut assaisonner la panure et incorporer d'autres épices ou condiments (ciboulette séchée ou fraîche, poudre d'ail, poivre rose moulu, poivre de Sichuan).

# Salade de lotte au fenouil  *Par personne*

150 g de lotte

1/2 bulbe de fenouil

1 poignée de fèves vertes cuites

1 oignon vert

Brins de ciboulette

Olives vertes et noires

## VINAIGRETTE

1 c. à s. d'huile d'olive

1/2 c. à t. de vinaigre balsamique blanc

1/2 c. à t. de jus de citron

1 pincée de sauge et de basilic en poudre

Sel et poivre fraîchement moulu

*Préparation :* Préparer d'avance la vinaigrette en fouettant tous les ingrédients. Couper le poisson en cubes, le fenouil en tranches minces et l'échalote en rondelles. Dans un large poêlon, faire griller le poisson 2 à 4 minutes, en ajoutant le fenouil et l'échalote. Déposer dans un bol ou une assiette profonde et laisser tiédir. Verser la vinaigrette et ajouter des fèves vertes cuites ou de la laitue romaine si désiré. Touiller délicatement. Rectifier l'assaisonnement. Servir avec des olives.

# Plats de bœuf

Salade de tournedos
Salade de bœuf aux piments rôtis
Salade de steak au poivre
Salade de steak au curry
Salade de steak au pesto

# Salade de tournedos

*Pour 2 personnes*

300 g de tournedos ou steak
   (en cubes)
Moutarde de Dijon provençale
2 tranches d'oignon rouge
1 c. à s. d'huile d'olive
1 c. à s. de vin rouge
1 c. à s. de beurre

**VINAIGRETTE**

4 feuilles de basilic frais
1 feuille de laurier
1 petite gousse d'ail émincée
Huile d'olive
Vinaigre balsamique
Crème sûre
Champignons (facultatif)
Laitue romaine
100 g (1 tasse) de fèves vertes
1 tasse de poivrons de couleur
2 c. à s. de tomates séchées
   réhydratées

*Préparation :* Faire macérer la viande quelques heures (si désiré) dans une quantité suffisante des ingrédients de la vinaigrette, en remplaçant le vinaigre par 1 c. à s. de vin rouge, additionné de moutarde de Dijon provençale. Couper l'oignon en dés. Chauffer un poêlon à feu moyen et verser un peu d'huile d'olive et de beurre. Faire blondir les oignons quelques minutes en les remuant. Ajouter la viande. Badigeonner de moutarde pendant la cuisson (entre 5 à 8 minutes, au goût), en brassant constamment. Retirer du feu et laisser tiédir. Blanchir les fèves dans l'eau bouillante salée quelques minutes. refroidir dans l'eau froide, égoutter et mettre de côté.

Pour la vinaigrette, émincer les feuilles de basilic et écraser la gousse d'ail dans un saladier. Verser tous les ingrédients et fouetter le tout. Assaisonner au goût. Incorporer la laitue, les fèves, les tomates séchées en dés et les poivrons coupés en lamelles. Brasser pour bien enrober. Servir les cubes de bœuf sur les légumes, garnis de rondelles d'oignon et de champignons grillés (au choix).

# Salade de bœuf aux piments rôtis

*Pour 2 personnes*

300 g de bœuf à fondue
75 g (1/2 tasse) de champignons
Pincée de piment d'Espelette
Beurre doux
Laitue en feuilles

**VINAIGRETTE**
Huile d'olive
1 c. à s. de piment rôti en dés
Vinaigre balsamique rouge
Moutarde de Dijon (provençale)
Sel et poivre fraîchement moulu

*Préparation :* Dans un grand poêlon antiadhésif, verser un filet d'huile d'olive ou du beurre pour faire dorer la viande très rapidement à feu moyen. La viande peut être rosée. Assaisonner de piment d'Espelette et retirer du feu. Faire dorer les champignons à part dans un peu d'huile et de beurre. Laisser tiédir le tout et préparer la vinaigrette en fouettant tous les ingrédients dans les quantités qui conviennent. Dans un saladier, verser la vinaigrette sur la viande et les champignons et touiller pour bien enrober. Servir sur de la laitue.

## VARIANTE ET SUGGESTION

**VINAIGRETTE AU FROMAGE DE CHÈVRE**

2 c. à s. de fromage de chèvre aux
   fines herbes
2 à 3 c. à s. de lait de beurre
1 c. à t. de moutarde de Dijon
1 c. à t. de persil frais haché
1/4 c. à t. de zeste de citron

Essayer une moutarde de Dijon au raifort, pour une saveur plus prononcée et omettre le piment d'Espelette. Remplacer les oignons par une gousse d'ail émincée, pour un goût bien différent.

# Salade de steak au poivre

*Pour 2 personnes*

300 g de steak (ronde, cuisse)
6 champignons
Un petit verre de vin rouge
2 c. à s. de beurre mi-salé
Poivre fraîchement moulu
Laitue romaine
1 tomate rose
Croûtons

**VINAIGRETTE CÉSAR**

4 c. à s. de jus de citron
1 filet d'anchois
1 gousse d'ail écrasée
Quelques gouttes de sauce
   Worcestershire
1/4 tasse de fromage parmesan
1 œuf à la coque
   (cuit 1 à 2 minutes)
Sel et poivre fraîchement moulu
Huile de colza ou d'olive

*Préparation :* Mettre tous les ingrédients de la vinaigrette dans un robot culinaire et mélanger jusqu'à obtention d'une texture onctueuse. Couper le steak en lanières d'un pouce et les champignons en tranches. Poivrer généreusement. À feu moyen-vif, faire cuire le steak au goût dans du beurre et arroser de vin rouge à la toute fin. Mettre de côté dans un saladier. Ajouter encore un peu de beurre dans la poêle et faire revenir les champignons. Assaisonner et déposer sur le steak. Tiédir. Ajouter la laitue coupée dans le saladier; verser la vinaigrette César et ajouter des croûtons. Touiller délicatement pour bien enrober le tout. Servir avec des quartiers de tomate.

## SUGGESTIONS

Essayer d'autres variétés de poivre pour varier la saveur de ce plat : poivre Sichuan, poivre long, poivre rose ou vert.

Conserver un petit fond de vin rouge au réfrigérateur pour ajouter à la fin de la cuisson des viandes rouges sautées à la poêle, comme pour cette recette.

Utiliser une passoire fine pour écraser le filet d'anchois afin de retenir les arêtes.

# Salade de steak au curry

*Pour 2 personnes*

300 g de steak de ronde

1/2 poivron vert

1/2 oignon rouge

1 c. à s. de pâte de curry moyen

125 g (3/4 de tasse) de maïs
    en grains

Laitue arugula

Feuilles de menthe

Laitue Iceberg

2 c. à s. de yogourt

Coriandre moulue

**SUGGESTION DE SAUCE À SALADE
AU YOGOURT ET AU GINGEMBRE**

2 à 3 c. à s. de yogourt

1/2 c. à t. d'huile de colza

1 c. à t. de coriandre hachée

1/4 de c. à s. de gingembre râpé

*Préparation :* Parer la viande et la couper en morceaux. Badigeonner de pâte de curry. Laisser reposer au réfrigérateur au moins 1 heure. Faire cuire le poivron et l'oignon sous le gril, jusqu'à ce qu'ils commencent à carboniser légèrement (au goût). Dans une poêle antiadhésive, cuire le steak au goût à feu moyen. Laisser tiédir. Dans un bol, verser la vinaigrette crémeuse à base de yogourt sur le mélange de laitues, touiller un peu et incorporer le steak. Servir en ajoutant du yogourt nature sur la viande et disposer le maïs, assaisonné de curcuma et de poudre de curry, tout autour de l'assiette. Garnir de feuilles de menthe fraîche.

## SUGGESTIONS

Utiliser de la coriandre ciselée avec du yogourt nature. Le goût est bien différent de celui de la coriandre moulue.

Les pâtes de curry vendues sur le marché sont douces, moyennement fortes ou fortes et une grande variété de mélanges de saveurs est offerte.

# Salade de steak au pesto

*Par personne*

125 à 150 g de steak (intérieur de
    ronde, faux-filet)

2 c. à s. de pesto

1 c. à s. de beurre

1 tasse de chou-fleur et de brocoli

Laitue

Fromage parmesan (facultatif)

1 c. à s. d'huile d'olive

Jus de citron

Vinaigre balsamique

Noix de pin

**Préparation :** Faire cuire le chou-fleur et le brocoli à la vapeur, jusqu'à ce qu'ils soient al dente. Égoutter, laisser refroidir et arroser d'un filet de jus de citron. Faire cuire le steak dans du beurre environ 1 minute de chaque côté à température élevée, tout en le badigeonnant de pesto. Poursuivre la cuisson quelques minutes. Retirer du feu et couper en bouchées. Dans un saladier, verser du vinaigre balsamique et un filet d'huile d'olive sur la laitue et les légumes. Touiller doucement pour bien enrober. Ajouter la viande. Assaisonner et parsemer de noix de pin.

# Plats de porc

# Salade de porc mariné

*Pour 2 personnes*

300 g de porc coupé en lanières
1 oignon vert émincé
Mesclun
1 pomme verte en morceaux

## MARINADE

3 c. à s. de jus de pomme
2 c. à s. d'huile de noix
1 c. à t. de moutarde de Dijon

1 c. à t. de vinaigre de cidre
de pomme
Pincée de sel

## VINAIGRETTE CRÉMEUSE

2 c. à s. de yogourt nature
1 c. à s. de mayonnaise
1/4 à 1/2 c. à t. de moutarde
de Dijon
1 c. à s. de persil frais haché
Sel et poivre

*Préparation :* Préparer la marinade dans un plat profond et y déposer la viande tranchée; laisser au réfrigérateur au moins 30 minutes. Faire sauter le porc dans l'huile avec l'oignon émincé quelques minutes. Ajouter un peu de marinade au besoin. Poursuivre la cuisson en brassant. Assaisonner au goût. Laisser tiédir. Dans un saladier, mélanger le yogourt avec la mayonnaise et le persil haché. Saler et poivrer au goût. Ajouter la laitue, les morceaux de pomme verte et les lanières de porc. Bien enrober de vinaigrette.

## VARIANTE

Faire mariner la viande dans un mélange de yogourt, d'ail haché et de moutarde de Dijon avec une partie d'huile d'olive et de la coriandre. Faire sauter à la poêle.

# Salade de porc aux tomates séchées

*Pour 2 personnes*

250 g d'escalopes de porc

2 c. à t. d'huile d'olive

2 c. à t. de moutarde de Dijon
à la provençale

1 petite gousse d'ail écrasée

2 c. à s. de persil haché

Laitue frisée

1 tomate séchée

4 champignons tranchés

**VINAIGRETTE**

1 c. à s. d'huile d'olive

1 c. à s. de vinaigre balsamique

1 tomate séchée

Sel et poivre

*Préparation :* Tremper les tomates dans l'eau chaude une vingtaine de minutes si désiré, puis les trancher. Couper les escalopes de porc en lanières. Les badigeonner avec la moutarde. Faire sauter le porc dans l'huile 4 à 5 minutes, avec l'ail, une tomate séchée et les champignons. Ajouter le persil et assaisonner au goût. Tiédir. Dans un saladier, fouetter l'huile et le vinaigre; ajouter le persil et l'autre tomate. Brasser. Déposer tous les éléments dans le saladier avec la laitue. Bien enduire les légumes de vinaigrette.

## VARIANTE ET SUGGESTION

Ajouter des morceaux de pomme ou de poire et omettre la tomate séchée; remplacer alors le vinaigre balsamique par une partie de vinaigre de cidre et du jus de pomme. Relever la vinaigrette avec une pincée de fines herbes, du romarin ou de l'estragon, selon les préférences personnelles.

On peut servir le porc à la moutarde disposé sur la laitue, en offrant la vinaigrette à part.

# Salade de porc à l'orange

*Pour 2 personnes*

300 g de rôti de porc cuit
Laitue frisée
1 dizaine de noix de pacane
Quartiers d'orange

**VINAIGRETTE**

Le jus d'une orange et son zeste
1/2 c. à t. de miel clair
1 c. à t. de moutarde de Dijon au vin
1/2 c. à t. de vinaigre de cidre
1 c. à s. d'huile de noix
1 c. à s. d'huile de colza

**Préparation :** Couper le porc en lanières de 2 cm (1/2 po). À l'aide d'un presse-agrumes, extraire le jus de l'orange. Dans un petit bol, mélanger les ingrédients de la vinaigrette. Saler et poivrer au goût. Faire mariner le porc dans la vinaigrette 30 minutes à 1 heure, ou le faire cuire quelques minutes dans la vinaigrette à feu doux. Garnir les assiettes de laitue et y déposer le porc (tiédi). Parsemer de quartiers d'orange et de noix de pacane.

SUGGESTION

Après avoir fait mariner le porc, on peut le faire sauter à la poêle. Toutefois, le laisser tiédir avant de l'incorporer à la laitue.

# Salade de porc chaude avec sauce aux huîtres

*Pour 2 personnes*

250 g d'escalopes de porc
Feuilles de laitue Bok Choy
Fèves germées
2 branches de céleri
1 oignon moyen
4 à 5 champignons de Paris

1 poignée de châtaignes d'eau
1 gousse d'ail
1 c. à t. de gingembre râpé
1 c. à s. de sauce aux huîtres
Huile de soya ou d'arachide
2 c. à s. de noix de cajou

**Préparation :** Couper le porc et les légumes en tranches. Détacher les feuilles de Bok Choy et les nettoyer. Chauffer l'huile dans un wok ou une poêle profonde. Faire sauter le porc en ajoutant la gousse d'ail écrasée. Incorporer tous les légumes avec le gingembre et la sauce aux huîtres. Cuire 5 à 8 minutes, jusqu'à ce que la laitue Bok Choy soit tendre. Servir en garnissant de noix de cajou. Offrir avec de la sauce soya.

## VARIANTE ET SUGGESTION

On peut utiliser de la sauce Hoisin, qui a une saveur similaire à la sauce Worcestershire, et incorporer des carottes râpées avec des courgettes, si on n'a pas de fèves germées sous la main. Une autre laitue chinoise, la Nappa par exemple, peut aussi être cuisinée en remplacement de la Bok Choy.

Agrémenter cette salade de pousses de bambou en tranches ajoute un parfum typiquement oriental.

# Salade de porc à la grecque

*Par personne*

150 g de filet de porc cuit

1 tomate

1 petit concombre

1 tranche de fromage feta

Rondelles d'oignon rouge
  (facultatif)

Laitue romaine

Olives grecques

**VINAIGRETTE**

2 c. à s. d'huile d'olive

1/2 gousse d'ail émincée

1 c. à t. d'origan

1 c. à t. de citron

*Préparation :* Couper le porc et le fromage en cubes; la tomate et le concombre en morceaux. Rassembler le tout dans un bol. Verser tous les ingrédients de la vinaigrette; bien mélanger. Faire mariner 1 à 2 heures. Incorporer la laitue romaine au moment de servir. Assaisonner au goût.

## VARIANTE ET SUGGESTIONS

Faire des brochettes de porc non cuit ayant mariné quelques heures. Utiliser une plaque antiadhésive striée ou le barbecue pour les cuire environ 3 à 4 minutes de chaque côté, selon leur grosseur et l'intensité du feu. Servir avec la salade.

L'aubergine est un légume intéressant à incorporer dans cette salade. Trancher des morceaux d'un centimètre d'épaisseur; les vaporiser d'huile d'olive et les cuire au four à 205 °C/400 °F environ 5 minutes, ou à la poêle.

Pour une vinaigrette plus crémeuse, remplacer une partie d'huile (ou toute l'huile) de la vinaigrette par du yogourt nature ou de la crème sûre.

# Salade de porc au cassis

*Pour 2 personnes*

300 g de filet de porc

1 échalote émincée

Moutarde de Dijon au cassis

1 c. à t. de sirop de cassis

1 c. à t. de vinaigre de xérès

1 c. à t. d'huile d'olive

Laitue romaine

1 grappe de raisins rouges sans pépins

### SAUCE À SALADE

2 c. à s. de crème sûre

Brins de ciboulette fraîche

Sel et poivre fraîchement moulu

*Préparation :* Couper le filet de porc en rondelles de 2 cm (1/2 po). Les badigeonner avec la moutarde de cassis. Laisser mariner 1 heure ou plus au réfrigérateur. Faire sauter le porc dans l'huile avec le sirop de cassis et le vinaigre de xérès 4 à 5 minutes. Assaisonner au goût. Mettre de côté. Mélanger la crème sûre avec la ciboulette coupée finement. Saler et poivrer au goût. Garnir les assiettes avec la laitue. Disposer le porc et parsemer de raisins rouges. Verser la sauce à salade.

# Plats
## de fruits de mer

# Salade aux calmars à l'orientale

*Pour 2 personnes*

300 g de flanc de calmar tranché

2 1/2 tasses de légumes variés
(poivron vert, oignon, pois
mange-tout, jeunes pousses
d'épis de maïs, laitue chinoise)

**MARINADE**

1/4 c. à t. de pâte de piment (chili)

1 c. à t. de gingembre haché

1 gousse d'ail écrasée

1 c. à t. d'huile de sésame

1 c. à s. d'huile d'arachide ou de
soya

Sauce soya ou tamari

**Préparation :** Couper les légumes et mélanger la marinade dans un bol.
Incorporer tous les ingrédients, y compris le calmar en rondelles, sauf la laitue. Faire mariner les légumes et le calmar 3 heures environ au réfrigérateur.
Chauffer une poêle ou un wok et y ajouter un peu d'huile pour faire sauter
tous les ingrédients 3 à 4 minutes avec la marinade restante. Servir immédiatement, accompagné de sauce soya ou tamari.

# Salade chaude aux crevettes *Pour 2 personnes*

12 grosses crevettes décortiquées
1/4 tasse de pousses de bambou tranchées
2 tranches d'ananas (2 cm)
1/2 tasse de châtaignes d'eau
1 gousse d'ail émincée
1 c. à s. d'échalote

Quelques gouttes d'huile de sésame
1 c. à s. d'huile d'arachide
Sauce soya
Mirin (vin de riz à cuisson)
Laitue chinoise, style Nappa

**Préparation :** Rincer les crevettes. Couper la laitue chinoise en lamelles d'un pouce, l'échalote en rondelles et l'ananas et les châtaignes en morceaux. À feu moyen à élevé dans l'huile d'arachide, faire sauter tous les légumes en les remuant fréquemment pendant 3 à 4 minutes, ou jusqu'à ce que la laitue chinoise soit tendre mais croustillante. Arroser de Mirin au dernier moment, à feu vif. Mettre de côté les légumes, puis faire sauter les crevettes avec l'ananas en ajoutant quelques gouttes d'huile de sésame et l'ail. Incorporer les légumes et arroser le tout d'un peu de Mirin et de sauce soya, en mélangeant 1 minute à feu moyen à vif. Rajouter un peu d'huile d'arachide au besoin. Servir immédiatement.

*Remarque : Les crevettes changeront de couleur et passeront au rose quand elles seront cuites.*

# Salade de calmar froide

*Pour 2 personnes*

300 g de calmar en rondelles
2 tomates en quartiers
1/2 tasse de légumes congelés
(brocoli, chou-fleur)
1 petit oignon tranché en rondelles
Olives noires
Laitue romaine

## VINAIGRETTE

1 petite gousse d'ail en morceaux
3 c. à s. d'huile d'olive
2 c. à t. de vinaigre balsamique
1/4 c. à t. de moutarde de Dijon
au vin blanc
Thym, coriandre ou brin de menthe

**Préparation :** Mélanger la vinaigrette en fouettant la moutarde, l'huile et le vinaigre balsamique dans un contenant en verre ou en inox. Décongeler les calmars et les légumes sous l'eau froide. Les faire cuire dans l'eau bouillante salée quelques minutes. Égoutter. Faire mariner les calmars et les légumes blanchis 1 à 3 heures au réfrigérateur, dans une part de la vinaigrette. Couper la laitue en morceaux et les tomates en quartiers. Sur un lit de laitue, déposer les calmars et les légumes. Décorer avec les quartiers de tomates, les rondelles d'oignon et les olives noires. Verser le reste de la vinaigrette au moment de servir.

*Remarque : Les calmars peuvent être remplacés par de la seiche, qui est de la même famille. Le goût est semblable.*

# Mélange de fruits de mer en salade

*Pour 2 personnes*

250 g de fruits de mer
1 cœur de palmier
2 fonds d'artichaut
2 lanières de poivron rouge rôties
Olives vertes farcies
Olives noires
Vin blanc

### VINAIGRETTE

1 c. à s. d'huile d'olive
1 c. à t. de vinaigre balsamique
   blanc
1 brin d'estragon
1/4 c. à t. de moutarde de Dijon
1/2 c. à t. d'ail rôti

*Préparation :* Bien émulsionner les ingrédients de la vinaigrette. Cuire les fruits de mer à la poêle quelques minutes dans un peu d'huile d'olive et de l'ail. Arroser d'un peu de vin blanc en fin de cuisson. Laisser tiédir. Couper la laitue romaine, le poivron et les artichauts en morceaux; les olives et le cœur de palmier en rondelles. Mélanger le tout, et le tour est joué !

## SUGGESTION

Remplacer l'estragon dans la vinaigrette par un mélange de fines herbes au goût ou des brins d'aneth et de la ciboulette ciselés.

# Salade de pommes de terre et palourdes

*Pour 2 personnes*

2 pommes de terre rouges cuites
 avec la peau
6 palourdes moyennes
1 petite boîte de palourdes
2 branches de céleri
1 poivron rouge
1 c. à s. de ciboulette fraîche
1/4 c. à t. de graines de céleri

**SAUCE À SALADE**
Mayonnaise
Crème sûre
Sel et poivre

**Préparation :** Cuire les pommes de terre dans l'eau salée. Les couper en cubes en enlevant la peau. Couper le céleri et le poivron en petits morceaux. Préparer une sauce à salade moitié crème sûre et moitié mayonnaise. Rincer les palourdes en conserve; les assécher. Mélanger tous les ingrédients avec la ciboulette et les graines de céleri; saler et poivrer. Assaisonner au goût. Réfrigérer quelques heures avant de servir.

Rincer et brosser les palourdes sous l'eau fraîche. Les faire bouillir dans un peu d'eau et de vin blanc; jeter celles qui ne se sont pas ouvertes pendant la cuisson; laisser tiédir. Les disposer avec leur coquille sur un lit de laitue et servir avec la salade de pommes de terre.

## SUGGESTION

L'ajout d'une pincée de poudre de curry apporte une touche savoureuse à cette salade.

# Salade de crevettes et d'avocat

*Pour 2 personnes*

1 avocat
250 g de crevettes à salade cuites
Pousses d'épinards
1 branche de céleri
1 oignon vert

**SAUCE À SALADE**

Mayonnaise
Crème sûre
Jus de citron
1 c. à s. d'huile d'olive
Aneth et coriandre hachés
Sel et poivre fraîchement moulu
Pincée de safran

*Préparation :* Couper l'avocat en morceaux et l'arroser de jus de citron. Ciseler les herbes et couper l'oignon vert et le céleri. Préparer la sauce à salade dans un bol. Incorporer les crevettes et tous les légumes coupés en morceaux; mélanger délicatement. Assaisonner au goût. Garnir une assiette creuse avec les bébés épinards sur lesquels déposer le tout.

## SUGGESTION

Si on aime l'ail, il ne faut pas se gêner pour en ajouter à la sauce à salade. Omettre l'échalote.

# Salade de moules et d'endives

*Pour 2 personnes*

1 lb de moules

1/4 tasse de vin blanc

1/4 tasse d'eau

3 à 4 tomates moyennes épépinées

1 oignon

1 petite gousse d'ail

1 feuille de laurier

Pincée de safran

1 c. à t. de crème épaisse

Pincée de thym

Poivre fraîchement moulu

Sel de mer

2 endives

Basilic frais

Parmesan râpé (facultatif)

***Préparation :*** Brosser les moules sous l'eau froide; bien les rincer. Cuire les tomates et l'oignon coupés en morceaux avec les épices; faire mijoter une dizaine de minutes en brassant de temps à autre. Enlever la feuille de laurier. Faire cuire les moules dans le vin et l'eau 4 à 5 minutes. Conserver un peu du liquide de cuisson qu'il faudra filtrer. Faire chauffer de nouveau la sauce aux tomates en la portant à ébullition 3 minutes, avec un peu du liquide de cuisson des moules, la crème et le safran. Saler et poivrer. Dans une assiette de service, déposer les moules sur les endives; les napper de sauce aux tomates. Garnir de basilic.

***Remarque :*** *Jeter les moules qui ne se sont pas ouvertes à la cuisson.*

# Salade de homard au poireau

*Pour 2 personnes*

1 1/2 lb de homard
2 poireaux en julienne
4 tomates épépinées
2 champignons blancs
1/2 gousse d'ail
1/4 tasse de vin blanc
1 c. à s. de vinaigre de vin
2 c. à s. de beurre

4 c. à s. de crème à cuisson
    épaisse
10 pétoncles moyens
Huile d'olive
Vin blanc
Poivre en grains (facultatif)
Laitues mélangées

**Préparation** : Cuire le homard dans l'eau bouillante environ 8 minutes.
L'égoutter et le laisser refroidir dans une assiette. Détacher les pinces et
réserver; retirer la chair de la queue et la couper en 4 morceaux. Trancher
les tomates en gros morceaux et les poireaux en julienne et faire cuire dans
du beurre pour les attendrir. Saler et poivrer. Mettre de côté. Dans une
autre poêle, faire sauter les pétoncles quelques minutes dans du beurre avec
l'ail émincé et arroser d'un peu de vin et de crème. Saler et poivrer et ajouter les morceaux de homard pour les enrober de sauce à la crème. Assaisonner au goût. Garnir deux assiettes de champignons en lamelles. Disposer
les poireaux et les tomates et terminer avec les fruits de mer à la crème.
Servir avec une pince, pour agrémenter la présentation.

# Salade de germinations et cuisses de grenouilles

*Pour 2 personnes*

24 cuisses de grenouilles
100 g de champignons tranchés
1 1/2 c. à s. d'huile d'olive
2 gousses d'ail émincées
2 c. à s. de persil ciselé
Endives
1 petit concombre
6 tomates cerises
Germes de luzerne
Sel et poivre fraîchement moulu

**VINAIGRETTE CRÉMEUSE
AUX TOMATES SÉCHÉES**

4 c. à s. de yogourt
2 c. à s. d'huile d'olive
1 c. à s. de vinaigre balsamique
2 tomates séchées réhydratées
  en dés
Sel et poivre fraîchement moulu

*Préparation :* Préparer la vinaigrette en mélangeant tous les ingrédients au mélangeur ou dans un robot culinaire. Faire cuire les cuisses de grenouilles environ 12 à 15 minutes dans un poêlon, à température moyenne à élevée, dans du beurre et de l'ail. Les tourner de temps à autre. Ajouter le persil et les champignons en fin de cuisson. Mettre de côté pour les laisser tiédir. Trancher le concombre en rondelles. Garnir une assiette de service avec les germinations. Disposer les champignons, les rondelles de concombre et les tomates. Déposer les cuisses de grenouilles dans les feuilles d'endive. Verser la vinaigrette sur les rondelles de concombre ou la servir à part.

## SUGGESTION

Cette salade peut être préparée avec d'autres germinations (radis, citrouille, pois mange-tout). Les endives peuvent être remplacées par des feuilles de laitue romaine coupées en deux.

# Salade de fonds d'artichaut et crevettes

*Pour 2 personnes*

4 fonds d'artichaut
250 g de crevettes cuites
1 branche de céleri
1 oignon vert
Laitue frisée
Brin de fenouil
Huile d'olive

**SAUCE À SALADE**

Mayonnaise
Crème sûre
Yogourt
Zeste de citron
Tabasco (facultatif)
Sel et poivre

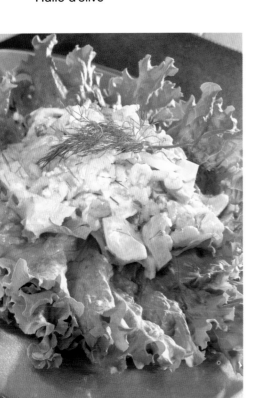

**Préparation :** Couper les fonds d'artichaut en 4, le céleri en morceaux et l'échalote en fines rondelles. Préparer la sauce à salade avec une partie de mayonnaise, une partie de crème sûre, du yogourt et un peu de zeste de citron, en en réservant pour la garniture. Assaisonner au goût. Garnir les assiettes de laitue légèrement enduite d'huile d'olive. Déposer la salade sur la laitue.

## SUGGESTION

*pour la sauce à salade*

Omettre la sauce Tabasco et rajouter un peu de gingembre frais râpé ou de l'ail haché. Remplacer le céleri par du concombre.

# Plats de légumineuses

# Salade de lentilles
# aux herbes de Provence

*Pour 2 personnes*

50 g (1/2 tasse) de lentilles jaunes

1 petit oignon vert

1 tasse de poivrons (vert, rouge et jaune)

2 branches de céleri

2 olives vertes farcies

Laitue

**VINAIGRETTE**

1 c. à t. de ketchup aux tomates

1 c. à s. de vinaigre de vin rouge

3 à 4 c. à s. d'huile d'olive

Pincée d'herbes de Provence

Sel et poivre

*Préparation :* Couper les poivrons et le céleri en petits dés; émincer l'oignon vert et couper les olives en rondelles. Fouetter dans un bol à salade les ingrédients de la vinaigrette et incorporer tous les légumes, y compris les lentilles cuites. Brasser délicatement afin de bien enrober les légumes. Servir sur un lit de laitue.

## SUGGESTION

Pour varier, préparer cette salade en utilisant les lentilles vertes du Puy. Elles ont un petit goût de noisette délicieux en salade et ont l'avantage de ne pas se défaire à la cuisson. Pour ce faire, il est préférable de les faire cuire en 2 temps : dans l'eau froide portée à ébullition, les cuire 1 minute, pas plus, puis les rincer. Les faire cuire une seconde fois 20 à 30 minutes environ à feu doux, à couvert.

# Salade mexicaine aux haricots noirs

*Pour 2 personnes*

125 g (1/2 tasse) de haricots noirs
50 g de fromage cheddar
2 tomates
1 brin de coriandre ciselée
Laitue Iceberg

### VINAIGRETTE JALAPENOS

1 c. à s. d'huile d'olive ou de canola
2 c. à t. de jus de lime
1/4 de piment Jalapenos haché
   (ou moins)

**Préparation :** Cuire les haricots; bien les rincer à l'eau froide. Mettre au réfrigérateur quelques heures. Préparer la vinaigrette. (Il est recommandé de porter des gants de cuisine lorsqu'on coupe un piment Jalapenos, pour éviter les brûlures cutanées. De plus, il faut éviter de se toucher les yeux et les muqueuses.) Bien mélanger la vinaigrette avec les haricots. Couper la laitue Iceberg finement, la tomate en dés et le fromage en cubes. Garnir les assiettes en disposant les haricots sur la laitue. Servir avec des chips de maïs et de la crème sûre.

## SUGGESTION

Si on n'est pas familier avec la saveur des piments Jalapenos, en diminuer la quantité. La crème sûre adoucira les plats épicés.

# Salade de pois chiches aux canneberges

*Pour 2 personnes*

300 g (1 1/2 tasse) de pois chiches
1 petit concombre
1 petite carotte
Laitue romaine

### VINAIGRETTE

1 c. à s. de jus de canneberge
1 c. à s. d'huile de pépins de raisin
1 c. à t. de vinaigre de vin rouge
1/2 c. à t. de ciboulette séchée
   ou fraîche
Canneberges séchées ou fraîches
Sel et poivre

*Préparation :* Fouetter tous les ingrédients de la vinaigrette dans un saladier. Rincer les pois chiches à l'eau froide. Couper le concombre et la carotte en rondelles et la laitue en morceaux. Incorporer le tout dans le saladier et bien brasser pour que la vinaigrette imprègne bien les légumes. Parsemer de canneberges fraîches ou séchées au moment de servir.

# Salade de tofu grillé et d'épinards

*Pour 2 personnes*

1 morceau de tofu (75 à 100 g)
1 petit oignon rouge
200 g de riz brun
2 c. à s. de persil haché
Bébés épinards
2 c. à s. d'huile de noisette

**VINAIGRETTE**

1 à 2 c. à s. d'huile d'arachide
1 c. à t. de beurre d'arachide
1/2 c. à t. de vinaigre de cidre
1 pincée de poivre de Cayenne
1 pincée de poudre d'ail
Sel et poivre

**Préparation :** Cuire le riz à la vapeur et le laisser refroidir. Couper le tofu en tranches et enlever le surplus d'eau avec du papier absorbant. Recouper en petits cubes. À feu moyen à élevé, les faire dorer dans une poêle anti-adhésive dans un peu d'huile de noisette. Assaisonner de sel et de poivre fraîchement moulu. Couper l'oignon en rondelles. Fouetter les ingrédients de la vinaigrette pour bien émulsionner. Déposer les épinards, le persil, le riz et l'oignon dans un saladier, verser la vinaigrette et touiller. Parsemer de morceaux de tofu grillés.

**Remarque :** *Ne verser la vinaigrette qu'au moment de servir.*

## SUGGESTION

Faire mariner le poulet 1 heure avant la cuisson dans la vinaigrette. Pour un goût sucré, ajouter du zeste d'orange ou de citron. Pour une marinade plus épicée, on peut ajouter un peu de sauce Tabasco ou de piment chili.

# Salade de pois au chou rouge

*Pour 2 personnes*

Chou rouge râpé
75 g (1/2 tasse) de pois congelés
1 feuille de laurier
1/4 c. à t. de cumin
Gingembre frais

1 gousse d'ail émincée
Huile d'olive ou de soya
Yogourt
Coriandre fraîche

**Préparation :** Au poêlon, faire sauter dans l'huile, à feu moyen, la feuille de laurier, l'ail émincé, le gingembre râpé et le cumin. Remuer quelques fois pour bien mélanger et incorporer le chou rouge râpé et les pois congelés. Saler et poivrer. Cuire environ 5 à 8 minutes pour attendrir le chou et les petits pois. Ajouter de l'huile au besoin. Napper d'une cuillerée de yogourt et garnir avec quelques brins de coriandre.

Cette salade peut être servie en plus petite portion comme plat d'accompagnement, avec du poulet ou des brochettes d'agneau ou de porc.

# Salade de lentilles épicée

*Pour 2 personnes*

50 g (1/3 de tasse) de lentilles
  orange
75 g (2/3 tasse) de riz Basmati
1 c. à s. de raisins secs
1 c. à t. d'amandes coupées
Pincée d'épices (cumin, coriandre)
Garam masala (au goût)
Huile de noix
Feuilles d'épinards

**VINAIGRETTE (FACULTATIVE)**

2 c. à s. de yogourt nature
1/2 gousse d'ail (facultatif)
4 feuilles de menthe hachées
Curcuma
Sel et poivre rose

*Préparation :* Cuire les lentilles.
Les refroidir. Mélanger les ingrédients
de la vinaigrette dans un bol de verre
ou de métal. Laisser au réfrigérateur
1 heure environ. Dans un saladier,
mélanger l'huile de noix et les épices.
Incorporer les lentilles, les amandes,
les raisins secs et le riz. Touiller pour
que tout soit bien enrobé. Servir avec
ou sans la vinaigrette. Saupoudrer
de curcuma au moment de servir.

## SUGGESTION

On peut remplacer les amandes
par des noix de pacane ou des
noix de pin.

# Salade d'avocat et de légumineuses

*Pour 2 personnes*

1 avocat

175 g (3/4 tasse) de légumineuses
   mélangées

Laitue Iceberg (ou autre)

1 c. à t. de jus de limette ou de
   citron

**VINAIGRETTE SALSA**

2 tomates

1/4 tasse de jus de tomate

1 branche de céleri

1 petit oignon vert

Pincée de cardamome moulue
   (facultatif)

1/4 de piment Jalapenos
   (ou moins)

1 c. à t. de sauce Worcestershire

Huile d'olive

Sel

**Préparation :** Cuire les légumineuses et les rincer à l'eau froide. Émincer l'oignon vert et la mettre dans un saladier. Enlever les graines des tomates et les couper en dés; faire de même avec le céleri. Couper le piment Jalapenos avec précaution. Mélanger tous les ingrédients avec le jus de tomate. Ajouter la sauce Worcestershire, la cardamome et saler au goût. Incorporer les légumineuses et remuer délicatement. Arroser d'un filet d'huile d'olive, au goût. Trancher l'avocat au dernier moment et verser du jus de limette pour ne pas qu'il brunisse. Garnir 2 assiettes de laitue coupée finement sur laquelle déposer les légumineuses et les tranches d'avocat.

## SUGGESTION

Le piment Jalapenos peut être remplacé par du piment chili, pour une tout autre saveur. Veiller à en ajouter en petite quantité, si on n'en a pas l'habitude.

# Salade de haricots rouges et bacon

*Pour 2 personnes*

175 g (1 tasse) de haricots rouges
65 g (1/2 tasse) de maïs en grains
1 poivron rouge ou vert
1 petit oignon rouge
4 tranches de bacon (cuites)
1 c. à t. d'huile de maïs ou soya

Salade verte ou feuilles de radicchio
Huile de canola ou d'olive

### VINAIGRETTE

2 c. à s. de crème sûre
1 c. à t. de ciboulette hachée
Sel et poivre

*Préparation :* Cuire les haricots et bien les rincer sous l'eau froide. Laisser refroidir. Mélanger la crème sûre avec la ciboulette et ajouter du sel et du poivre fraîchement moulu, au goût, dans un grand bol. Cuire le bacon au micro-ondes à température élevée environ 4 minutes, recouvert d'un papier absorbant. Lorsqu'il est cuit selon les préférences, éponger le bacon pour enlever l'excédent de gras. Couper le poivron en lamelles et l'oignon en dés. Incorporer les légumes dans le bol, arroser d'un peu d'huile et bien mélanger. Au moment de servir, ajouter la vinaigrette. Accompagner ce plat d'une salade verte ou de feuilles de radicchio, pour agrémenter le tout.

# Salade de fèves soya à l'ananas

*Pour 2 personnes*

200 g (1 tasse) de fèves soya
100 g (environ 1 tasse) de
   riz sauvage
1 oignon vert
1 tranche d'ananas
Laitues mélangées

**VINAIGRETTE**

1 c. à s. d'huile de soya
1/4 c. à t. de vinaigre de riz
1/2 c. à t. de jus de citron
Sel et poivre de Cayenne

*Préparation :* Cuire les fèves et les rincer à l'eau froide quand elles sont bien cuites. Cuire le riz sauvage; l'égoutter et le rincer sous l'eau froide. Couper l'ananas et l'oignon vert en morceaux. Verser les ingrédients de la vinaigrette dans un saladier. Brasser avec une fourchette. Incorporer les composantes de la salade et bien mélanger. Assaisonner au goût. Servir tiède ou frais.

## SUGGESTION

Les fèves soya en conserve peuvent être utilisées pour sauver du temps. Les rincer plusieurs fois à l'eau froide. Doubler la quantité d'ananas si on désire une salade un peu plus sucrée. On peut remplacer le vinaigre de riz et le jus de citron par 1 c. à t. de jus d'ananas, pour une saveur plus douce et plus sucrée.

# Salade de haricots romains aux tomates séchées

*Pour 2 personnes*

50 g (1/4 à 1/2 tasse) de haricots
romains
3 tomates séchées réhydratées
Brocoli ou rapinis
1 c. à t. de parmesan râpé

**VINAIGRETTE**

1 c. à s. d'huile d'olive
1 c. à t. de vinaigre balsamique
Pincée de basilic en poudre ou
quelques feuilles fraîches
Ail haché (au goût)
1/4 à 1/2 c. à t. de moutarde
de Dijon
Olives noires entières
Laitue en feuilles (facultatif)

*Préparation :* Faire cuire le brocoli dans l'eau bouillante salée de sorte qu'il conserve son beau vert et demeure croustillant. Refroidir et couper en morceaux. Hacher l'ail et le basilic finement. Couper les tomates séchées en morceaux. Dans un saladier, incorporer tous les ingrédients de la vinaigrette, en ajoutant de l'huile d'olive en filets et du vinaigre balsamique au goût. Fouetter pour obtenir une belle émulsion. Incorporer les légumes et touiller pour bien enrober. Assaisonner au goût et saupoudrer de parmesan au moment de servir.

## SUGGESTIONS

Une vinaigrette plus douce sera obtenue en réduisant la quantité de vinaigre et d'ail. On peut couper le vinaigre avec de l'extrait de raisin connu sous le nom de «Verjus», ou avec du jus de raisin blanc régulier.

Cette salade peut être servie sur un lit de laitue romaine ou d'épinards. Augmenter la quantité de vinaigrette au besoin.

# Salade de haricots et pamplemousse

*Pour 2 personnes*

50 à 75 g (3/4 tasse) de pois chiches et de haricots rouges
1 pamplemousse rose
2 betteraves
2 c. à s. de graines de citrouille

## VINAIGRETTE

1 c. à s. d'huile de noisette
1 c. à t. de jus de citron
1 c. à t. de jus d'orange
Menthe, persil et estragon frais
Sel et poivre rose (facultatif)

***Préparation :*** Cuire les haricots et les refroidir. Utiliser des betteraves en conserve ou les cuire au four à 180 °C/350 °F pendant 1 heure. Les couper en tranches. Peler le pamplemousse et le couper en morceaux. Hacher les herbes finement. Dans un saladier, préparer la vinaigrette en fouettant tous les ingrédients, puis incorporer les légumes. Garnir les assiettes avec la laitue ou servir tel quel. Parsemer de graines de citrouille.

## SUGGESTION

Remplacer le pamplemousse par des suprêmes d'orange; ajouter alors du zeste d'orange à la vinaigrette pour plus de saveur. On peut apporter de la variété à cette salade en remplaçant les graines de citrouille par des noix hachées ou des graines de lin.

# Plats
# de pâtes

# Pâtes au citron et à la truite fumée

*Par personne*

1 portion de linguinis au citron
2 tranches de truite fumée
1 c. à t. de beurre
1 branche de céleri
Huile d'olive ou de colza
Jus de citron
Sel et poivre rose

**VINAIGRETTE (FACULTATIVE)**

1/4 de tasse de crème sûre
1/4 de tasse de lait de beurre ou
    de crème de table
1 c. à s. de ciboulette hachée
1 c. à s. d'aneth ciselé

**Préparation :** Cuire les pâtes al dente. Rincer et ajouter du beurre ou de l'huile d'olive pendant que les pâtes sont encore chaudes. Couper le céleri en dés, la truite fumée en lanières et ciseler l'aneth. Mettre les ingrédients dans un saladier; ajouter les pâtes refroidies et enrober le tout d'huile et de jus de citron. Assaisonner. Disposer les lanières de truite fumée sur chaque portion au moment de servir. Sel et poivre au goût.

## SUGGESTION ET VARIANTE

Pour compléter ce repas, servir cette salade avec des œufs à la coque. On peut couper les linguinis finement pour faciliter le mélange de la salade. La truite fumée peut être remplacée par une autre sorte de poisson fumé, comme le saumon fumé, tout aussi délicieux.

Ce plat se consomme chaud ou froid, au goût. Si on le désire, on peut y ajouter du fromage parmesan ou romano râpé.

# Salade de coquilles et feta

*Pour 2 personnes*

2 tasses de pâtes colorées
1 tranche de fromage feta
Un petit poivron rouge
2 feuilles de basilic
Olives vertes et noires
Laitue

**VINAIGRETTE**

1 c. à t. de jus de citron
1 c. à s. d'huile d'olive
Ail haché ou ciboulette
Sel et poivre

*Préparation :* Cuire les pâtes al dente. Les refroidir et verser un filet d'huile d'olive pour éviter qu'elles ne s'agglutinent. Couper le poivron et hacher le basilic. Faire une émulsion avec les ingrédients de la vinaigrette. Rassembler le tout dans un bol à salade (sauf le fromage). Touiller délicatement en ajoutant la vinaigrette en 2 temps. Égrener le fromage sur la salade.

SUGGESTION

Faire rôtir le poivron rouge pour obtenir un goût bien différent. Il peut être pratique d'avoir en réserve des poivrons rôtis conservés dans l'huile pour réaliser cette salade à l'improviste.

# Coloriage

*Pour 4 personnes*

4 tasses de pâtes colorées

2 branches de céleri

1 poivron vert

1 poivron rouge

1 tranche d'oignon espagnol (doux)

Huile de soya

Jus de citron (au goût)

Mélange d'épices Spike

Poivre fraîchement moulu

**Préparation :** Cuire les pâtes al dente. Rincer à l'eau froide. Mettre dans un saladier. Couper les légumes en petits morceaux; les ajouter aux pâtes et verser l'huile et le jus de citron. Bien mélanger en saupoudrant du mélange d'épices Spike, au goût. Refroidir au moins 1 heure.

**Remarque :** *Spike est un excellent mélange de plus de 39 herbes et aromates sans additifs chimiques. On peut se le procurer dans les épiceries fines et chez les marchands spécialisés en alimentation naturelle.*

SUGGESTION

Cette salade peut être préparée à l'avance; elle se conservera quelques jours au réfrigérateur.

# Salade noire aux œufs

*Pour 2 personnes*

200 g (2 tasses) de pâtes
    aux calmars
2 œufs durs
Calmars cuits (une poignée)
Persil frais ciselé
Feuilles de laitue
Radicchio

**VINAIGRETTE**
Jus de citron
1 c. à s. d'huile d'olive
1 c. à t. de vinaigre balsamique
Ail rôti (ou non)
Pincée de fines herbes (origan,
    thym, sarriette, sauge)
Sel et poivre fraîchement moulu

*Préparation :* Cuire les nouilles al dente dans l'eau bouillante salée environ 5 minutes. Égoutter et rincer au besoin pour les refroidir. Faire rôtir quelques gousses d'ail émincées. Les conserver dans un contenant hermétique. Trancher les œufs à la coque en deux. Préparer la vinaigrette. Assaisonner au goût. Dans un saladier, mettre les pâtes, les légumes et arroser de vinaigrette. Bien mélanger.

## VARIANTE

**POUR SAUCE À SALADE
AU FROMAGE FETA**

60 g (2 oz) de fromage feta
1/4 de tasse de vinaigre
    balsamique blanc
2 c. à s. d'huile d'olive de
    première pression
Feuilles d'origan frais (au goût)
Sel et poivre fraîchement moulu

*Préparation :* Dans un mélangeur ou un robot culinaire, mélanger tous les ingrédients lentement, jusqu'à l'obtention d'une sauce lisse. Ajouter de l'huile ou un peu d'eau au besoin. Assaisonner. On obtient environ la moitié d'une tasse de sauce à salade. Ranger dans un contenant hermétique et conserver au réfrigérateur.

# Vermicelle de riz et tofu   *Par personne*

Vermicelle de riz aux épinards
1 carotte
1 portion de bébés épinards
100 g de tofu ferme
Graines de sésame

## VINAIGRETTE

1 c. à t. de sauce soya
1 c. à t. d'huile d'arachide ou autre
Quelques gouttes d'huile de
   sésame

Quelques gouttes de sauce
   de poisson (facultatif)
1/2 c. à t. de jus d'orange ou
   de citron
Une pincée de 5 épices chinoises
   et/ou vietnamiennes
Une pincée de gingembre en
   poudre (ou râper un morceau
   de racine fraîche)
Un peu d'ail écrasé (ou en poudre)
1 c. à t. d'échalote chinoise
Pincée de sucre roux

*Préparation :* Couper la carotte en rondelles et le tofu en cubes (les éponger si nécessaire). Préparer la vinaigrette et faire mariner les rondelles de carotte avec les cubes de tofu environ 1 heure. Tremper le vermicelle au moins 5 minutes dans l'eau bouillante. Le faire cuire quelques minutes si nécessaire; égoutter et rincer à l'eau froide. Verser de la vinaigrette et mélanger. Garnir une assiette de légumes et de tofu; disposer les pâtes en formant de petits nids.

## SUGGESTIONS

On prépare le vermicelle un jour à l'avance car il se conserve bien au réfrigérateur, enrobé d'huile. Faire mariner les légumes crus qu'on a sous la main : fèves germées, concombre, brocoli, chou-fleur; préparer plus de vinaigrette au besoin.

Faire griller les cubes de tofu à la poêle avec un peu de sauce soya ou de tamari, ou encore, en les saupoudrant du mélange d'épices Spike. Dans ce cas, préparer une vinaigrette à base de coriandre fraîche, d'ail ou d'oignon vert et substituer les huiles proposées par de l'huile de noisette.

# Super coquilles farcies *Pour 2 personnes*

8 coquilles jumbo

100 g (1 tranche) de jambon cuit

75 g de fromage cheddar ou
Havarti

1 petite pomme

Tomates cerises

1 feuille de laitue Iceberg

2 c. à s. de mayonnaise régulière

2 c. à s. de crème sûre

Ciboulette hachée

Sel et poivre

**Préparation :** Plonger les pâtes dans l'eau bouillante salée. Les cuire une dizaine de minutes ou selon les instructions du fabricant. Refroidir sous l'eau froide. Couper la pomme, le fromage et le jambon en petits morceaux; hacher la laitue finement. Dans un bol, rassembler la mayonnaise, la crème sûre, la ciboulette et les autres ingrédients et brasser. Saler et poivrer au goût. Farcir les nouilles. Garnir les assiettes de tomates cerises.

## SUGGESTION

Utiliser du poulet ou de la dinde, ou encore, des crevettes. Un mélange d'œufs à la coque et de viandes froides coupés finement offrirait un plat différent et délicieux. On pourrait aussi y ajouter de l'oignon vert ou de l'oignon blanc émincé.

# Salade de gnocchis

*Pour 2 à 3 personnes*

500 g de gnocchis aux tomates et
    piments rouges
Poivrons doux variés
    (pasilla, poblano)
1 ou 2 oignons verts
Olives noires

2 à 3 c. à s. de mayonnaise
Pincées d'origan
Huile d'olive
Sel et poivre fraîchement moulu

**Préparation :** Plonger les gnocchis dans l'eau bouillante salée. Les égoutter dès qu'ils remontent à la surface. Refroidir en ajoutant un petit filet d'huile d'olive. Couper les poivrons en dés et l'échalote en rondelles. Déposer les gnocchis dans un bol et les mélanger avec la mayonnaise; saupoudrer le tout d'origan. Assaisonner au goût. Garnir de piments ou les incorporer aux gnocchis.

## SUGGESTION

Utiliser des légumes différents, comme du concombre et du céleri coupés en dés ainsi que des tomates séchées (préalablement trempées) coupées en lamelles.

# Pâtes au curry
*Pour 4 personnes*

4 tasses de pâtes
2 branches de céleri
1/2 bulbe de fenouil
1 poivron vert ou rouge

1 poire (ou pomme) en quartiers
Huile végétale
Mayonnaise au curry
Poivre de Cayenne

**Préparation :** Cuire les pâtes al dente. Les rincer à l'eau froide et les mettre dans un saladier en les enrobant d'un filet d'huile. Couper les légumes; rassembler tous les ingrédients dans le saladier et brasser en incorporant la mayonnaise et le poivre de Cayenne (facultatif). Assaisonner au goût. Mettre au réfrigérateur au moins 1 heure avant de servir.

## RECETTE DE MAYONNAISE AU CURRY
*pour 1 tasse environ*

1 œuf (gros)
5 c. à t. de jus de citron
1 c. à t. de moutarde de Dijon
1 c. à s. de curry en poudre

1/4 c. à t. de sel
3/4 de tasse d'huile d'olive
1/4 de tasse de yogourt nature

**Préparation :** Dans un mélangeur ou un robot culinaire, ou encore, au fouet, battre à haute vitesse l'œuf avec le citron, la moutarde et le sel. Verser graduellement l'huile en minces filets. La mayonnaise est prise quand elle colle bien. Transférer la mayonnaise dans un bol et ajouter le yogourt et le curry. Bien mélanger. Conserver dans un contenant hermétique au réfrigérateur. *(Consulter les photos du chapitre sur la mayonnaise.)*

# Farfalles aux crevettes *Pour 2 personnes*

3 tasses de farfalles

6 grosses crevettes

100 g de champignons

Olives vertes

2 tomates rouges ou jaunes

Huile d'olive

1 gousse d'ail émincée

Sel et poivre fraîchement moulu

Mayonnaise au safran

*Préparation :* Faire cuire les crevettes dans l'eau chaude ou les faire sauter à la poêle. Plonger les pâtes dans l'eau bouillante salée jusqu'à ce qu'elles soient al dente. Les rincer à l'eau froide et verser un peu d'huile. Couper les tomates. Déposer de la mayonnaise au centre de l'assiette et disposer autour les pâtes avec les crevettes. Garnir d'olives.

### RECETTE DE MAYONNAISE AU SAFRAN

1/4 c. à t. de safran écrasé

1 œuf (gros)

1 c. à t. de moutarde de Dijon

1/4 c. à t. de sel

1 tasse d'huile végétale (colza)

*Préparation :* Chauffer le safran avec le jus de citron au micro-ondes ou sur la cuisinière. Laisser refroidir complètement le mélange. En utilisant un mélangeur ou un robot culinaire, mélanger l'œuf, la moutarde, le mélange au safran et le sel en incorporant graduellement l'huile en minces filets. Mélanger jusqu'à ce que la mayonnaise colle sur une spatule. On peut utiliser un fouet. (*Consulter le chapitre sur la mayonnaise.*) Réfrigérer dans un contenant hermétique.

## SUGGESTION

Garnir une assiette d'épinards cuits ou crus (*environ 170 g pour 2 à 4 personnes*), enrobés d'un mélange d'huile et d'une partie de mayonnaise au safran, sur lesquels déposer les pâtes. On peut aussi mélanger les pâtes avec la mayonnaise.

# Nouilles de sarrasin citron-lime

*Pour 2 personnes*

2 portions de pâtes Soba
   au sarrasin
2 champignons Shiitake
1 concombre
1 poire chinoise
50 g d'épinards

**VINAIGRETTE**

1 à 2 c. à s. de jus de citron et
   de limette
1 petite gousse d'ail émincée
1 1/2 c. à s. d'huile de soya
Quelques gouttes d'huile
   de sésame
Sauce soya ou tamari (au goût)
Poivre Sichuan

*Préparation :* Tremper les champignons dans l'eau chaude environ 30 minutes. Couper les extrémités plus dures et faire de fines tranches. Enlever l'eau excédentaire en les épongeant. Plonger les nouilles dans l'eau bouillante salée. Les rincer à l'eau froide. Mélanger les ingrédients de la vinaigrette dans un saladier; émulsionner. Couper le concombre et la poire en morceaux. Rassembler tous les ingrédients et bien mélanger dans le bol. Disposer dans les assiettes les nouilles enroulées en forme de petites pelotes. Garnir de quartiers de lime ou de citron. Verser un peu de jus d'agrumes sur les nouilles au moment de servir.

## SUGGESTIONS

Ajouter des calmars ou des crevettes cuites à cette salade. On peut aussi servir les pâtes sur une assiette garnie de laitue, selon les préférences personnelles.

Utiliser d'autres variétés de champignons si on n'a pas de Shiitake sous la main et pour donner une autre saveur à ce plat.

# Minis gnocchettis en salade

*Pour 2 à 3 personnes*

500 g de gnocchettis

1 petit poivron vert coupé en dés

1 branche de céleri

1 à 2 oignons verts coupées
   en rondelles

1 feuille de radicchio émincée

1 tranche de chou rouge émincée

Persil ciselé

4 c. à s. de mayonnaise maison

Sel et poivre fraîchement moulu

**Préparation :** Plonger les gnocchettis dans l'eau bouillante salée. Les égoutter dès qu'ils remontent à la surface. Refroidir à l'eau froide; verser un petit filet d'huile d'olive pour qu'ils ne collent pas trop. Déposer dans un bol et les mélanger avec la mayonnaise, le persil et les légumes. Assaisonner au goût.

# Salades de riz

# Salade moitié-moitié au gingembre

*Par personne*

25 g (1 tasse) de riz sauvage et
   de riz blanc

1 demi concombre

75 g (1/2 tasse) de tofu grillé

Épinards

1 rondelle d'oignon rouge

4 noix de cajou

**VINAIGRETTE**

1 c. à s. d'huile d'olive

1 à 2 morceaux de gingembre
   confit

1/2 gousse d'ail grillé

1 c. à t. de vinaigre balsamique
   blanc

Sel et poivre

*Préparation :* Couper les légumes et le gingembre en morceaux. Couper le tofu en tranches et l'éponger avant de le faire dorer dans une poêle anti-adhésive, avec un peu d'huile de noisette ou de soya (au goût). Verser la vinaigrette sur le riz et les légumes. Bien amalgamer. Disposer dans une assiette garnie d'épinards.

## SUGGESTIONS

On peut préparer le riz la veille et le conserver au réfrigérateur. Verser alors un peu d'huile en le soulevant à la fourchette. Il sera alors prêt à être mélangé à d'autres ingrédients. Ne pas verser la vinaigrette si on ne le mange pas tout de suite.

Incorporer de l'ail grillé à la vinaigrette ou simplement quelques gouttes d'huile de sésame combinée avec l'huile végétale préférée. On peut aussi employer du gingembre frais; le gingembre confit est plus sucré cependant. Un peu de poivre de Cayenne ou une goutte de sauce chili ou Tabasco ajoute une note piquante.

# Salade de riz basmati au concombre

*Pour 2 à 4 personnes*

1 concombre anglais
1 tasse de riz basmati
30 à 50 g de haricots de soya
1 poignée de raisins secs
1 à 2 c. à s. de pistaches
Poivre rose et brin de romarin

### VINAIGRETTE

2 à 3 c. à s. d'huile d'olive
1 c. à s. de vinaigre de vin blanc
1 c. à t. de crème de cassis ou de coulis de mûres
1/2 c. à t. de jus de citron
Sel de mer

**Préparation :** Faire cuire le riz dans l'eau salée à l'étuvée (à feu bas et avec le couvercle); séparer le riz cuit à la fourchette en ajoutant des gouttes d'huile et le transférer dans un saladier. Le laisser refroidir au réfrigérateur. Trancher le concombre au moment de servir. Garnir les assiettes, ajouter la vinaigrette au cassis et parsemer de noix ou de graines. Assaisonner au goût, en ajoutant un peu de poivre fraîchement moulu.

## SUGGESTIONS

On peut réaliser un coulis de mûres simplement en écrasant la chair de 5 à 6 fruits à l'aide d'une cuillère dans un tamis; ajouter quelques gouttes d'eau et une pincée d'agent sucrant ou un doigt de miel.

On peut remplacer le concombre par de la courgette (zucchini) et préparer une vinaigrette moins sucrée à l'huile d'olive et à la lime, avec une pincée de poudre de curry.

# Salade de riz coloré

*Pour 2 personnes*

1 tasse de riz brun et de riz blanc

2 c. à s. d'algues chinoises

1 petite échalote

1/2 tasse de légumes variés (brocoli, chou-fleur, carottes, maïs)

Fèves germées

**VINAIGRETTE**

1 c. à s. d'huile de soya et de noisette

1/2 c. à t. de sauce soya

1/2 c. à t. de vinaigre de riz

Pincée de 5 épices

Jus de lime ou de citron (facultatif)

**Préparation :** Faire cuire le riz dans l'eau salée à la vapeur, dans un auto-cuiseur ou dans un faitout à feu bas recouvert. Séparer le riz cuit à la fourchette, en ajoutant des gouttes d'huile, et le transférer dans un saladier. Tremper les algues séchées dans l'eau chaude environ 15 minutes. Bien les égoutter et les éponger. Blanchir les légumes quelques minutes dans l'eau bouillante salée : ils doivent demeurer croustillants. Tiédir. Rassembler tous les ingrédients dans le saladier; verser la vinaigrette. Garnir de fèves germées. Servir froid ou tiède.

## SUGGESTION

L'ajout de crevettes cuites (50 g) comble les besoins en protéines. Elles sont faciles à préparer : il suffit de les décongeler dans l'eau froide. On peut aussi préparer cette salade avec des légumes crus. Tous les légumes que l'on veut ! Si on ne trouve pas d'algues chinoises séchées, les remplacer par des champignons tranchés très minces ou d'autres variétés d'algues marines (wakamé, kombu).

# Salade de riz entier aux poivrons

*Pour 4 personnes*

- 1 tasse de riz entier
- 1 feuille de laurier
- 4 poivrons de couleur
- 2 tomates
- 1 à 2 oignons verts (au goût)
- 175 g (1 tasse) de haricots variés
  (pois chiches, haricots rouges)

- Brins de persil et menthe hachés
- Laitue
- Huile de noisette
- Sel et poivre

**Préparation :** Cuire le riz une vingtaine de minutes dans l'eau bouillante salée avec une feuille de laurier. Réduire le feu au minimum et poursuivre la cuisson à la vapeur avec le couvercle. Trancher les poivrons en lamelles et les tomates en petits dés. Émincer les oignons verts. Réserver quelques morceaux pour la garniture. Dans un grand bol, mélanger en 2 temps tous les ingrédients, en incorporant l'huile ou une vinaigrette, selon les préférences. Touiller délicatement. Assaisonner au goût.

## SUGGESTION

On peut utiliser la vinaigrette aux tomates séchées, ou encore, une autre huile végétale telle que l'huile de tournesol ou de carthame.

# Salade de riz à l'orange

*Pour 4 personnes*

1 tasse de riz
1 patate sucrée
1 orange ou 1 mandarine
4 à 6 c. à s. de jus d'orange
  congelé
Une poignée de noix de pacane
Épinards crus (4 portions)
Huile végétale

## VINAIGRETTE

1/4 c. à t. d'huile de sésame
1 à 2 c. à s. d'huile de soya
1/2 c. à t. de vinaigre de riz
1 c. à t. de jus d'orange
2 c. à s. de gingembre confit
Zeste d'orange (facultatif)
Sel et poivre

*Préparation :* Faire cuire le riz en ajoutant à l'eau de cuisson le jus d'orange congelé; cuire les patates douces dans l'eau salée ou au micro-ondes. Les faire refroidir dans l'eau froide avant de les trancher. Séparer le riz à la fourchette; verser un filet d'huile. Couper le gingembre confit ou râper 1 c. à t. de gingembre frais pour la vinaigrette. Transférer le riz dans un saladier pour le laisser refroidir; ajouter la moitié de la vinaigrette. Garnir les assiettes avec les feuilles d'épinards parées et les patates tranchées; verser le reste de la vinaigrette. Disposer le riz. Garnir de noix et de quartiers d'orange.

## SUGGESTION

Couper la patate en cubes et la mélanger avec le riz. Employer des courges à la place de la patate sucrée.

# Salade de riz à l'avocat et pois chiches
*Pour 2 personnes*

1 avocat Hass
250 g de riz brun
2 tranches de bacon
Deux poignées de pois chiches
Feuilles d'épinards ou laitue
Huile d'olive
Vinaigre de riz

**SAUCE À SALADE**

1 à 2 c. à s. de crème sûre
1 à 2 c. à s. de yogourt nature
Jus d'une limette
Ail rôti (facultatif)
Poivre noir en grains
Feuille de laurier

*Préparation :* Cuire le riz brun dans l'eau bouillante salée avec une feuille de laurier (facultatif). Quand il est cuit, le transférer dans un saladier. Le séparer à la fourchette et ajouter de l'huile et un peu de vinaigre. Mettre au réfrigérateur. Cuire à l'avance les pois chiches. Faire rôtir une gousse d'ail émincée à la poêle (ou au four); cuire le bacon au micro-ondes. Enlever l'excédent de gras. Au moment de servir, couper des morceaux d'avocat et verser du jus de limette. Mélanger le riz et les morceaux de bacon avec tous les autres ingrédients. Préparer et rincer les épinards ou la laitue; les essorer. Les enduire de sauce à salade ou d'huile. Servir le riz sur un lit d'épinards. La sauce peut être servie à part.

## SUGGESTIONS

Employer du vinaigre (xérès, vinaigre de vin blanc) et de l'huile végétale de première pression.

Manque de temps pour cuire les légumineuses? Utiliser des pois chiches déjà cuits en conserve. Il faut bien les rincer à l'eau froide et les débarrasser de leur enveloppe (selon les préférences).

# Salade douce aux asperges

*Par personne*

1 tasse de riz basmati

9 asperges

Une poignée d'amandes blanches

Jus de citron

Sauce soya (facultatif)

**Préparation :** Blanchir les asperges, puis les refroidir sous l'eau froide; réserver. Faire cuire le riz à la vapeur; une fois cuit, y ajouter un peu d'huile végétale et de la sauce soya, ou une vinaigrette au goût, en le séparant à la fourchette. Le transférer dans un bol pour qu'il refroidisse. Garnir une assiette avec le riz et arroser les asperges de jus de citron. Assaisonner au goût.

## VINAIGRETTES (FACULTATIVES)

1 œuf (gros)

5 c. à t. de jus de citron

1 c. à t. de moutarde de Dijon

1 c. à s. de curry en poudre

1/4 c. à t. de sel

3/4 de tasse d'huile d'olive

1/4 de tasse de yogourt nature

**Préparation :** Mélanger de l'huile d'olive de première pression avec du vinaigre de vin; ajouter une pincée d'herbes de Provence, de la ciboulette et quelques câpres.

Préparer un coulis de poivron rouge au mélangeur, dans lequel verser de l'huile d'olive, une pointe d'ail et du vinaigre balsamique; saler et poivrer.

## SUGGESTIONS

On peut servir cette salade en accompagnement avec du poulet ou du porc. On peut aussi remplacer les amandes par un mélange de graines de citrouille et de graines de tournesol, par exemple. Le riz parfumé au jasmin peut remplacer le basmati. Par contre, prévoir un peu plus de temps et d'eau pour cuire le riz basmati.

Assaisonner les asperges avec un poivre différent : le poivre long écrasé au mortier est tout à fait délicieux; le poivre rose apportera une note piquante en plus d'une touche de couleur dans l'assiette.

# Salade de riz noir

*Pour 4 personnes*

1 tasse de riz noir chinois

150 g (2/3 tasse) de haricots blancs

Huile de canola

Échalote chinoise

1 poivron jaune

1 c. à s. de jus d'orange ou
    de limette

Gingembre frais râpé

Pincée de 5 épices chinoises

Pincée de poivre de Cayenne

Sauce soya

**Préparation :** Faire cuire les haricots blancs à l'avance. Faire tremper le riz 24 heures. Ne pas utiliser l'eau de trempage. Porter 2 1/4 tasses d'eau salée à ébullition et baisser le feu au minimum au moment d'ajouter le riz. Couvrir et poursuivre la cuisson une vingtaine de minutes environ. Le transférer dans un saladier pour le laisser refroidir et verser le jus d'orange ou de limette et de l'huile. Couper les légumes. Aromatiser le riz avec du gingembre râpé et une pincée de 5 épices orientales et de la sauce soya.

**Remarque :** *Le mélange de 5 épices (vietnamiennes ou chinoises) peut être acheté dans la plupart des épiceries fines et orientales. Il est constitué de poivre de Sichuan, de cumin, de coriandre, de la badiane (anis étoilé), de réglisse, de cannelle et d'écorce de fruits. Un mélange similaire fait de 4 épices est acceptable. Il y a peu de différences entre les mélanges chinois et vietnamiens.*

## SUGGESTION

Servir cette salade en accompagnement avec un plat de volaille ou de porc, ou encore, de tofu épicé. On peut utiliser des haricots en conserve si le temps manque. Il suffit de bien les rincer sous l'eau fraîche. Si on ne trouve pas de riz noir à l'épicerie asiatique, le remplacer par du riz sauvage. Remplacer l'échalote chinoise par de l'oignon blanc coupé en dés ou de l'échalote conventionnelle.

# Taboulé aux abricots et amandes

*Pour 2 personnes*

2 sachets de couscous précuit

Le jus de la moitié d'une orange

1 c. à s. d'huile de canola ou d'olive

1 c. à s. de vinaigre balsamique blanc

2 c. à s. de persil haché

5 abricots séchés hachés

2 c. à s. de raisins secs

1 poignée d'amandes effilées

2 c. à t. d'oignons rouges émincés

Pincée de poudre d'ail

Pincée de coriandre moulue

2 c. à s. de coriandre ciselée

Feuilles de chou frisé (kale)

**Préparation :** Cuire le couscous selon les instructions du fabricant. Le laisser refroidir dans un saladier en le séparant à la fourchette. Rassembler tous les ingrédients et bien mélanger. Garnir l'assiette de service de feuilles de chou ou de laitue.

## SUGGESTIONS

Remplacer les abricots par 2 tomates en dés épépinées, les raisins secs par du poivron vert ou rouge, le jus d'orange par 1 c. à s. de jus de citron et les amandes par des pois chiches; on peut aussi remplacer la coriandre par de la menthe fraîche. Ajouter un peu plus d'huile d'olive, au goût.

Si on n'a pas de menthe fraîche, utiliser un sachet de thé à la menthe poivrée. Ne pas employer tout un sachet; saupoudrer au goût.

# Salade de riz au crabe des neiges

*Par personne*

1 tasse de riz blanc parfumé au jasmin

100 g de crabe

1 branche de céleri

1 petit oignon vert

Une poignée de pois mange-tout

1 cœur de palmier

Huile de soya ou de canola

### MAYONNAISE AU PIMENT D'ESPELETTE

1 c. à s. de mayonnaise maison

1 pincée de piment d'Espelette

1/4 c. à t. de moutarde de Dijon (facultatif)

Sel et poivre

**Préparation :** Faire cuire le riz dans l'eau salée une vingtaine de minutes; le séparer à la fourchette quand il est cuit en ajoutant un peu d'huile de soya, et le laisser refroidir. Trancher le céleri, l'oignon vert et le cœur de palmier. Blanchir les pois mange-tout et réserver. Au moment de servir, arroser tous les légumes d'un filet d'huile. Transférer le riz dans un saladier avec le crabe et touiller délicatement en ajoutant les légumes et la mayonnaise, selon la présentation désirée.

# Salades
# de fruits

# Coupe de fruits des champs à la crème Chantilly

*Pour 4 à 5 personnes*

15 fraises

15 à 20 framboises

15 à 20 mûres

Feuilles de menthe

1 carré de chocolat noir

**CRÈME CHANTILLY**

250 ml (1 tasse) de crème
  à fouetter

1 ml (1/4 c. à t.) d'extrait de vanille

2 c. à t. de fructose

*Préparation :* Fouetter au batteur électrique la crème froide environ 3 minutes à haute vitesse. Ajouter le fructose et la vanille. Continuer de fouetter quelques minutes ou jusqu'à ce que la crème colle au batteur. Rincer les fruits sous l'eau fraîche. Les éponger délicatement. Couper les fraises en rondelles; les déposer au fond d'une coupe avec une cuillerée de crème. Monter les autres fruits et terminer en nappant de crème. Décorer avec un morceau de chocolat noir et une feuille de menthe fraîche.

## SUGGESTIONS

Donner une saveur chocolatée à la crème Chantilly en y incorporant du chocolat pur en poudre. Verser environ 2 c. à t. pour 250 ml (8 oz) de crème à fouetter. Bien amalgamer. On peut l'ajouter en battant la crème ou après qu'elle soit fouettée.

Ajouter 1 partie de fromage ricotta à 3 parties de crème Chantilly et la parfumer en y incorporant du café fort fraîchement moulu (mouture fine). Utiliser du café décaféiné si on offre le dessert en soirée ou selon les préférences des invités.

Faire un mélange de crème fouettée au moka : moitié cacao, moitié café.

# Poire à la crème de marron

*Pour 1 à 2 personnes*

1 poire en quartiers
Jus de citron (facultatif)
4 c. à t. de crème de marron
    à la vanille

4 c. à s. de crème fouettée
Chocolat noir

**Préparation :** Fouetter de la crème épaisse et ajouter la crème de marron. Trancher une poire en quartiers; la badigeonner de jus de citron si on ne la sert pas immédiatement. Déposer le mélange dans une coupe à dessert et placer les quartiers de poire tout autour de la crème. Décorer avec un morceau de chocolat noir au moment de servir.

## SUGGESTION

Utiliser des quartiers de pomme ou des bananes nappés de cette crème.

# Coupe de fruits au chocolat noir et à la menthe *Par personne*

60 ml (2 oz) de nectar d'abricot

1 rondelle d'ananas

5 à 6 fraises

Mélange de noix (pacanes, macadam et noix de Grenoble)

Chocolat noir à fondue

Quelques gouttes d'essence de menthe

**Préparation :** Couper les fruits en morceaux. Dans une coupe, déposer la rondelle d'ananas au fond et verser le nectar d'abricot. Ajouter les fraises en morceaux et parsemer de noix aussi coupées en morceaux. Napper de chocolat noir fondu auquel on aura incorporé quelques gouttes d'essence de menthe.

## SUGGESTION

Remplacer le nectar d'abricot par du nectar de poire ou du jus de kiwi et de fraise.

# Salade après-ski

*Pour 4 personnes*

2 pommes Gala
1 banane
Ananas (en conserve)
Abricots (en conserve)

250 ml (1 tasse) de yogourt
   de soya à la vanille
Noix de Grenoble
Granules de sucre d'érable

**Préparation :** Verser le jus d'ananas dans un bol; y déposer les morceaux de pomme pour les empêcher de brunir. Mettre une cuillerée de yogourt dans le fond d'une coupe à crème glacée. Déposer les fruits en alternant avec le yogourt; ajouter des noix coupées au goût et saupoudrer de granules de sucre d'érable si désiré.

## SUGGESTIONS

Les fruits en conserve ne remplacent pas les fruits frais. Ils sont pratiques cependant pour réaliser des desserts improvisés. Les abricots peuvent être remplacés par des mandarines, des poires ou des pêches en conserve. Les faire tremper 30 minutes dans l'eau froide si elles sont conservées dans un sirop très sucré.

Un filet de sirop d'érable peut ajouter une note savoureuse à du yogourt nature non sucré.

Remplacer le yogourt de soya par du yogourt régulier à la vanille, de la crème Chantilly ou de la crème glacée.

# Salade de gelées rouge et bleue

*Pour 5 personnes*

1 sachet de gélatine
(15 ml / 1 c. à s.)
2 tasses de jus de fruits
(orange, bleuet)

1 pomme grenade
170 g (6 oz) de bleuets
Jus de bleuet et pomme grenade

**Préparation :** Dans une tasse à mesurer, verser 50 ml (1/4 de tasse) de jus et ajouter les granules de gélatine. Ajouter 50 ml (1/4 de tasse) de jus bouillant (chauffé au micro-ondes) et l'ajouter au mélange de gélatine; brasser jusqu'à dissolution complète. Verser 375 ml (1 1/2 tasse) de jus froid. Laisser au réfrigérateur 2 à 4 heures ou jusqu'à ce que la gelée soit bien prise.

Découper la gelée avec des emporte-pièce à motif. Garnir une assiette de service avec les morceaux de gelée entourés de petits fruits. Verser du jus dans des bols individuels. Ainsi, chacun se servira de fruits et de morceaux de gelée.

SUGGESTION

On peut offrir de la crème glacée ou de la crème Chantilly, ou encore, du yogourt à la vanille à base de soya ou de lait. Le yogourt aux fruits offre aussi la possibilité d'heureuses combinaisons.

# Délice tropical

*Pour 2 à 3 personnes*

1/2 papaye
4 rondelles d'ananas
1 kaki (hachiya, fuyu)
1 petite banane

1 fruit de la Passion
Liqueur au gingembre naturelle
Lait de coco
Pincée de piment de la Jamaïque

*Préparation :* Couper tous les fruits en morceaux et les déposer dans un bol. Ouvrir le fruit de la Passion et passer les graines au tamis pour obtenir toute la pulpe et le jus; l'ajouter aux fruits et mélanger. Diviser en portions sans remplir complètement. Verser la liqueur douce au gingembre. Ajouter du lait de coco et une pincée de piment de la Jamaïque.

## SUGGESTION

Si on n'a pas de piment de la Jamaïque sous la main, prendre une pincée d'un mélange fait de cannelle, de clous de girofle et de muscade ou de macis. Faire griller de la noix de coco et en parsemer les fruits.

# Salade d'automne épicée

*Pour 4 à 6 personnes*

3 grosses pommes variées

2 grosses oranges

2 c. à s. de raisins secs

375 ml (12 oz) de jus de pomme
naturel

Épices (clou de girofle, cannelle,
piment de Jamaïque)

**CRÈME CHANTILLY**

250 ml (1 tasse) de crème
à fouetter

1 ml (1/4 c. à t.) d'extrait de vanille

2 c. à t. de fructose

*Préparation :* Trancher les pommes et les oranges en morceaux. Dans un bol, verser le jus et incorporer les fruits. Épicer et laisser macérer la salade au réfrigérateur toute une nuit si possible. Les saveurs auront eu le temps de s'imprégner davantage. Servir dans des coupes avec une cuillerée de crème Chantilly et des noix de pacane.

## SUGGESTIONS

Remplacer la crème Chantilly par du yogourt à la vanille ou de la crème glacée. Substituer le fructose par du stevia ou du sucralose. Il faut trois fois plus de sucre de canne que de fructose pour sucrer toute la préparation.

# Collation aux fruits

*Pour 3 à 4 personnes*

1 grappe de raisins noirs sans
    pépins
2 clémentines

1 kiwi
Jus de raisin blanc pétillant (bio)

**Préparation :** Couper les raisins en rondelles, le kiwi en morceaux, sans la peau, et les clémentines en quartiers. Déposer les fruits dans un bol. Recouvrir de jus de raisin. Réfrigérer quelques heures avant de servir.

## SUGGESTION

Servir cette salade de fruits avec un sorbet à l'orange ou à la lime. Utiliser une autre sorte de raisin et mélanger avec des quartiers de mandarine ou d'orange sans pépins.

# Salade rafraîchissante aux myrtilles

*Pour 2 personnes*

1 petite mangue
1 poire Bartlett
1 poignée de myrtilles
Jus de limette
Glace pilée (facultatif)
Nectar de myrtilles sauvages

***Préparation :*** Couper la poire en morceaux; les déposer dans un saladier et verser du jus de limette. Trancher la mangue en 2 et couper en morceaux. Déposer dans le saladier et mélanger avec du jus de limette. Préparer de la glace pilée. Verser du nectar de myrtilles sur la glace dans le fond de chaque bol et y déposer la salade de fruits.

## SUGGESTION

Verser le nectar sur la salade de fruits au moment de servir. Utiliser des cerises noires quand elles sont disponibles et verser du nectar de cerises pour varier la composition.

# Salade aux 3 melons

*Pour 4 à 5 personnes*

1/4 de pastèque (petite)
1/2 melon miel
1/2 cantaloup

Brins de menthe fraîche
Boisson pétillante citron-lime
Quelques gouttes d'essence d'anis

**Préparation :** Former des boules avec une cuillère parisienne. Les déposer dans un bol à salade. Ajouter assez de boisson gazeuse pour couvrir les fruits. Verser quelques gouttes d'essence d'anis. Mélanger délicatement. Réfrigérer quelques heures. Servir dans des coupes ou de petits bols.

## SUGGESTION

Remplacer la boisson citron-lime par une partie d'eau minérale gazéifiée et du jus de citron et de limette frais. Y ajouter du fructose ou un édulcorant, au goût (se référer à la *Bible des Smoothies* pour en connaître davantage sur les différents agents sucrants). Garnir d'un brin de menthe.

# Salade de melon et framboises

*Pour 2 à 3 personnes*

1/2 melon miel
2 poignées de framboises
Jus de raisin blanc
Brins de menthe fraîche

**Préparation :** Faire des boules de melon à la cuillère parisienne et les déposer dans des coupes. Ajouter une poignée de framboises et verser du jus de raisin blanc. Hacher des feuilles de menthe à saupoudrer sur la salade si on le désire.

SUGGESTION

Remplacer les framboises par des cerises noires et le jus de raisin blanc par du nectar de cerises. Remplacer le melon miel par du melon d'eau ou une sorte de melon muscat jaune.

# Salade fraise-kiwi

*Pour 2 personnes*

250 g (8 oz) de fraises
1 kiwi
Quelques gouttes d'extrait
    de menthe

Brins de menthe fraîche
Boisson douce
    gingembre-framboise

**Préparation** : Couper le kiwi en rondelles et les fraises en morceaux. Verser la boisson gazéifiée dans un bol et ajouter l'extrait de menthe. Mélanger. Disposer les rondelles de kiwi en cercle sur la paroi du bol ou de la coupe et ajouter les fraises. Verser la boisson aromatisée à la menthe. Garnir d'un brin de menthe fraîche.

## SUGGESTIONS

On trouve couramment du jus fraise-kiwi. On peut apporter une touche de variété à cette salade en ajoutant ce jus délicieux et omettre l'extrait de menthe. Les enfants en raffoleront !

Une boisson naturelle citron-lime ou gingembre seulement apportera une autre saveur à cette salade.

# Salade de base à la noix de coco

*Pour 2 personnes*

4 tranches d'ananas
1 banane
2 c. à s. de noix de coco grillée
60 ml (1/4 tasse) de crème fouettée

Quelques gouttes d'extrait
de vanille
1 c. à s. de fructose

**Préparation :** Fouetter la crème avec l'extrait de vanille et le fructose jusqu'à l'obtention d'une sauce épaisse (et non ferme comme la crème Chantilly). Couper l'ananas et la banane en rondelles. Utiliser des bols ou des coupes rondes de préférence, sinon il faudra couper l'ananas en morceaux. Disposer une rondelle d'ananas au fond, napper de crème et saupoudrer de noix de coco. Ajouter une rangée de rondelles de banane et recouvrir de crème, puis terminer en déposant une rondelle d'ananas et remplir la cavité avec de la crème. Garnir de rondelles de banane et de noix de coco grillée.

## SUGGESTION

Utiliser d'autres fruits tropicaux, tels que la mangue ou la papaye, avec de la crème, du yogourt, de la crème glacée ou un sorbet à base d'agrumes.

# Salade de fruits au gingembre

*Pour 4 personnes*

1 grappe de raisins rouges
1 grappe de raisins verts
1 petite banane

3 à 4 morceaux de gingembre
   confit
185 ml (6 oz) de jus d'ananas
   et de noix de coco

**Préparation :** Couper les fruits en rondelles. Les déposer dans un saladier et verser le jus de fruits. Bien mélanger et ajouter les dés de gingembre confit. Laisser macérer quelques heures ou une nuit. Servir la salade accompagnée d'un petit sablé au gingembre.

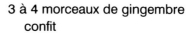

SUGGESTION

Remplacer la banane par 2 petites pommes ou 2 rondelles d'ananas. On peut servir cette salade sur de la glace à la vanille.

# Pomélo grenadine

*Pour 2 personnes*

1 pomélo
1 petite pomme grenade
250 g de fromage cottage

**Préparation :** Trancher le pomélo en deux. Enlever la chair blanche de l'agrume à l'aide d'une cuillère afin d'obtenir une cavité d'environ 3 cm (1 po). Ouvrir la pomme grenade et enlever les graines; réserver. Remplir la cavité de fromage cottage
et parsemer de graines de pomme grenade. Servir.

# Remerciements

J'aimerais remercier les magasins et boutiques montréalais suivants pour nous avoir gracieusement fourni la vaisselle et les accessoires photographiés dans ce livre; l'artiste verrière *Annie Michaud*, de l'atelier boutique GoGo Glass, Marché Bonsecours (www.anniemichaud.com), *Stokes*, rue St-Denis, la quincaillerie *Danté*, 6851 rue St-Dominique, *La Baie*, centre-ville qui a la chance d'avoir à son service la plus aimable des employés, Martine. Merci pour ta patience et ton sourire. Finalement, Gerry Van Winden, de Veg Pro International, pour son aimable collaboration.

Louise Rivard
www.louiserivard.com